W0072228

WEIMAR UND DIE DEUTSCHE VERFASSUNG

ZUR GESCHICHTE UND AKTUALITÄT VON 1919

herausgegeben im Auftrag der Deutschen Nationalstiftung
von Andreas Rödder

mit Beiträgen von Karl Dietrich Bracher,
Carl-Ludwig Holtfrerich, Horst Möller, Helmut Schmidt,
Michael Stolleis und Fritz Stern

KLETT-COTTA

Klett-Cotta
© J. G. Cotta'sche Buchhandlung Nachfolger GmbH, gegr. 1659,
Stuttgart 1999
Alle Rechte vorbehalten
Fotomechanische Wiedergabe nur mit Genehmigung des Verlags
Printed in Germany
Gesetzt aus der Times von Hahn Medien, Kornwestheim
Auf säure- und holzfreiem Werkdruckpapier
gedruckt und gebunden von Gutmann, Talheim
ISBN 3-608-94205-X

Deutsche Nationalstiftung
Feldbrunnenstraße 56
20148 Hamburg

Inhalt

Weimar und die Aufgabe
der deutschen Geschichte
von
Helmut Schmidt

Weimar ist Deutschland *in nuce*, ist Deutschland im Kern. Man kann auch sagen, in der Geschichte dieser Stadt spiegeln sich die wichtigsten Facetten der letzten Jahrhunderte deutscher Geschichte: deutsche Größe, deutsche Versuche und deutsche Versuchung, deutsche Fehlschläge und sogar Verbrechen.

Nicht weit von diesem Ort hat der Ministerpräsident von Sachsen-Anhalt, Reinhard Höppner, kürzlich den Satz formuliert: »Wenn ich zum gemeinsamen Deutschland gehören will, dann muß auch meine persönliche Geschichte in der Geschichte dieses Landes einen Platz haben. Sonst habe ich selber in diesem Land keinen Platz.«

Höppner sagte dies im Hinblick auf die letzten fünfzig Jahre deutsch-deutscher Geschichte. Es leuchtet um so mehr ein, weil dieser Satz nicht nur für den Redner selbst, sondern für 16 Millionen Menschen gesprochen ist. Er leuchtet insbesondere vor dem Hintergrund ein, daß es während der vergangenen fünfzig Jahre so viele Versuche geschichtlicher Interpretationen gegeben hat, die – im Osten – die Nazi-Ära samt ihren Vergehen und Verbrechen sehr souverän denjenigen zugeschoben haben, die nach der Teilung Deutschlands im Westen den moralischen und geistigen, den politischen und ökonomischen Wiederaufbau leisteten, während – im Westen – über der Kritik an der DDR ebenso souverän die Mühe der im Osten lebenden Deutschen um ihren moralischen, politischen und ökonomischen Wiederaufbau beiseite geschoben, ja ignoriert worden ist.

Wer aus der jüngsten deutschen Geschichte lernen will, der muß versuchen, das Geschehen auf beiden Seiten zu verstehen. Und dazu muß er es kennenlernen. Dazu muß es ihm gesagt und beschrieben werden. Dabei hat es weder einen moralisch tragfähigen Boden, noch dient es dem Ziel der Aufklärung und der Erziehung, wenn allein die negativen Tatsachen der deutschen Geschichte beleuchtet werden, wenn die deutsche Geschichte allein zu einem Verbrecheralbum vereinfacht wird. Wenn zum Beispiel eine Ausstellung den Eindruck vermittelt, die vielen Millionen deutscher Soldaten im Zweiten Weltkrieg seien Verbrecher gewesen, oder wenn die vielen Millionen in ähnlicher Weise herabgesetzt werden, die an den Kommunismus geglaubt und ihm zu dienen sich bemüht haben, oder wenn die Demokraten der Jahre 1919 bis 1933 pauschal als Schwächlinge und Versager herabgesetzt werden, dann kann die notwendige deutsche Geschichtsschreibung nicht gelingen.

Zur gemeinsamen deutschen Geschichte gehört weit mehr als die fünfzig Jahre der Teilung und des mühsamen Zusammenwachsens. Achtzig Jahre liegt der erste Versuch zurück, in Deutschland eine parlamentarische Demokratie zu errichten. Die Weimarer Reichsverfassung wurde unter keineswegs günstigen äußeren und inneren Umständen geschaffen. Gleichwohl war sie, im Vergleich zu anderen, vorherigen Verfassungen, eine recht gute Verfassung. Dennoch ging sie bereits nach elf Jahren, etwa ab dem Jahr 1930, vor die Hunde und nach weiteren drei Jahren vollends und wortwörtlich zum Teufel.

Diese kurze Weimarer Epoche ist Teil der gemeinsamen

Geschichte der Deutschen in Ost und West, ebenso wie die darauf folgenden zwölf Jahre der nationalsozialistischen Herrschaft Teil unserer gemeinsamen Geschichte sind, einschließlich der anfänglichen Begeisterung von Millionen und einschließlich der Todesopfer von Millionen. Immer noch und immer wieder müssen wir uns fragen: Wie konnte das alles geschehen? Was haben wir, die nachfolgenden Generationen, für die Zukunft daraus zu lernen? Was müssen wir anders machen? Was müssen wir besser, und was müssen wir ähnlich machen? – Dies gibt es vielleicht auch. Jede Generation wird andere Antworten auf diese Fragen finden.

Die Deutsche Nationalstiftung wurde im Jahr 1993 von einigen Deutschen im Osten und im Westen gegründet, um dazu beizutragen, daß nach vierzig Jahren der Teilung die moralische und geistige Einheit, die gemeinsame Identität, wie man heute sagt, wiederhergestellt wird. Sitz der Stiftung und auch regelmäßiger Versammlungsort ist Weimar. Was uns als Deutsche verbindet und auch in den Jahren der Zweistaatlichkeit verbunden hat, ist in der Tat unsere Geschichte, eine Geschichte, die zehn Jahrhunderte zurückreicht. In Weimar ist unsere Geschichte in all ihrer Doppeldeutigkeit präsent: Herder, Goethe, Schiller und das nahegelegene Konzentrationslager Buchenwald stehen dafür.

Die Deutsche Nationalstiftung sieht es als eine ihrer Aufgaben an, an diese Geschichte zu erinnern. Denn ohne Erinnerung, ohne Vergegenwärtigung der Vergangenheit wird es nationale Identität und Wissen von der Zusammengehörigkeit nicht geben.

Deutschland ist heute nach einem schrittweisen Prozeß der Integration in eine europäische Staatengemeinschaft, in eine Gemeinschaft von demokratisch verfaßten Staaten eingebunden. Diese Staaten haben sich aus freiem Willen zur Europäischen Union zusammengeschlossen, und sie leben seit einigen Jahrzehnten in Frieden und in einem trotz aller Mängel und Besorgnisse erstaunlichen Wohlstand. Frieden und Wohlstand sind kostbare Güter. Doch wie brüchig innerer und äußerer Friede sein können, zeigt aktuell die Situation vor der Haustür der Europäischen Union auf dem Balkan. Wie brüchig Wohlstand und innerer und äußerer Frieden sein können, das zeigt uns auch die deutsche Geschichte in der Zwischenkriegszeit, die Geschichte der Weimarer Republik und ihrer Verfassung.

Weil Frieden und Wohlstand sich nicht von selbst erhalten, haben wir Lehren zu ziehen und uns diesen Lehren entsprechend zu verhalten.

Über die Weimarer Reichsverfassung in der deutschen Geschichte wurde im Rahmen der 6. Jahrestagung der Deutschen Nationalstiftung am 14. April 1999 in Weimar diskutiert. Die lebhaften und anregenden Überlegungen von Deutschen verschiedener Generationen aus Ost und West liegen nun schriftlich vor, auf daß hier nachlesen möge, wer über die gemeinsame deutsche Geschichte im zwanzigsten Jahrhundert nachdenken will.

Weimar und die deutsche Verfassung.
Eine Zeitreise durch die Geschichte
von
Andreas Rödder

I.

Am 11. August 1919 unterzeichnete Reichspräsident Friedrich
Ebert die Verfassung des Deutschen Reiches, und der Verfassungstag wurde zum gesetzlichen Feiertag bestimmt. Am selben
Tag kam Reichsverkehrsminister Johannes Bell aufgrund der
Wohnungs- und Ernährungsschwierigkeiten, des Kohlenmangels und der katastrophalen Verkehrsverhältnisse zu der Feststellung: »Entweder wir arbeiten wieder wie früher, oder es sind
trotz der furchtbaren Kriegsverluste noch zwanzig Millionen
Menschen zuviel in Deutschland.«

Drei Tage nach Unterzeichnung trat die Weimarer Reichsverfassung mit ihrer Veröffentlichung im Reichsgesetzblatt in
Kraft. Damit war das Werk der verfassunggebenden Deutschen
Nationalversammlung abgeschlossen, die am 6. Februar 1919
im Neuen Theater von Weimar ihre Arbeit aufgenommen hatte.
In Berlin hatte an ebendiesem Tag im Kaisersaal des Ballhauses
Rheingold der »dadaistische Zentralrat der Weltrevolution« den
»Dadaistenputsch-Sieg auf der ganzen Linie« verkündet: »Beer-

digung der in Weimar verunglückten Nationalversammlung auf dem Friedhof Dada.«[1]

Nicht wegen des »Dadaisten-Putsches«, sondern aufgrund der bürgerkriegsartigen Situation und angesichts der Bedrohung durch mächtigere Gegner verschiedener Couleur – revolutionäre Kommunisten und linke Sozialisten, konservative Monarchisten und Militärs, aber eben auch Intellektuelle aller Richtungen – wurde die Nationalversammlung von Berlin nach Weimar verlegt. Die erste deutsche Republik wurde unter widrigsten äußeren und inneren Umständen gegründet.

Doch es gab auch Grund zum Optimismus für die Republikaner. Denn die Wahlen zur Nationalversammlung vom 19. Januar 1919 hatten den Parteien der parlamentarischen Demokratie – der »Weimarer Koalition« aus Mehrheitssozialdemokratie (SPD), Zentrum und der linksliberalen Deutschen Demokratischen Partei – bei hoher Wahlbeteiligung eine überwältigende Mehrheit von über 75 Prozent der Stimmen und Mandate beschert. Sie dominierten die Beratungen und die Entstehung der Verfassung, die, nach dem Tagungsort der Konstituante benannt, als Weimarer Reichsverfassung in die Geschichte einging.

Schon vor dem Zusammentritt der Nationalversammlung begannen die Beratungen der ersten von insgesamt sechs Verfassungsentwürfen, bei denen der Staatsrechtslehrer und Innenminister Hugo Preuß die Feder der Reichsregierung führte. Knapp fünf Monate lang wurden zwischen Reichsregierung, Nationalversammlung und Landesregierungen vor allem zwei Probleme kontrovers diskutiert: das Verhältnis zwischen Zentralismus und Föderalismus einerseits und die Grundrechte, die

---

1 Zitate nach Manfred Overesch/Friedrich Wilhelm Saal, *Die Weimarer Republik. Eine Tageschronik der Politik, Wirtschaft, Kultur,* Düsseldorf 1982, S. 32 und 62.

im ersten Verfassungsentwurf noch gar nicht vorgesehen waren, andererseits, kaum unterdessen die Gestalt des Regierungssystems.

Die am 31. Juli 1919 von der Nationalversammlung angenommene Verfassung konstituierte die erste demokratische Republik in Deutschland: Das Deutsche Reich war keine Monarchie (das ist die staatsrechtliche Bedeutung des Begriffs »Republik« im engeren Sinne), und zugleich lagen Rechtfertigung und Begründung (Legitimität) sowie die Ausübung der höchsten Herrschaftsgewalt (Souveränität) nun statt beim Monarchen oder den Fürsten und ihrem Willensakt beim Volk und seiner Selbstbestimmung.[2]

Die über zwanzig Jahre alten Männer und Frauen wählten nach dem Verhältniswahlrecht den Deutschen Reichstag (Art. 22), dem die Gesetzgebung (Art. 68) und die Kontrolle der Regierung oblag; Reichskanzler und Reichsminister mußten zurücktreten, wenn der Reichstag ihnen das Vertrauen entzog (Art. 54). Sie wurden jedoch nicht vom Parlament gewählt, sondern vom Reichspräsidenten ernannt und auch entlassen (Art. 53), was die Regierung sowohl vom Reichstag als auch vom Reichspräsidenten abhängig machte, dem die Verfassung ohnehin eine starke Position zuschrieb: Schon seine Wahl auf sieben Jahre durch das Volk (Art. 41) verschaffte ihm hohe Legitimation; er vertrat das Reich völkerrechtlich (Art. 45), führte den Oberbefehl über die Streitkräfte (Art. 47) und besaß in (nie näher) bestimmten Fällen das Recht, ohne das Parlament »die zur Wiederherstellung der öffentlichen Sicherheit und Ordnung nötigen Maßnahmen [zu] treffen, erforderlichenfalls mit Hilfe der bewaffneten Macht« (Art. 48); über diese eingeschränkte

---

2 Art. 1 WRV: »Das Deutsche Reich ist eine Republik. Die Staatsgewalt geht vom Volke aus.«

außerparlamentarische Gesetzgebungskompetenz hinaus besaß der Präsident zudem das Recht, den Reichstag aufzulösen (Art. 25).

Diese starke Stellung des Reichspräsidenten gegenüber dem Reichstag ging in erster Linie auf eine weitverbreitete Furcht vor einem sogenannten »Parlamentsabsolutismus« zurück und gründete in einer aus dem Kaiserreich überkommenen Skepsis gegenüber Parlamentarismus und den als partikularistisch empfundenen Parteien, die in der Verfassung nur an einer Stelle, und zwar in negativer Bedeutung[3], überhaupt erwähnt wurden. Mit diesem dualistischen, halb parlamentarischen und halb präsidialen Regierungssystem wollten insbesondere die Liberalen Elemente der konstitutionellen – und nicht parlamentarischen – Monarchie in eine konstitutionelle Demokratie hinübertragen.

War auch der ursprüngliche Entwurf einer stark unitarischzentralistischen Reichsverfassung im Laufe der Verfassungsberatungen zugunsten einer stärker föderativen Ausrichtung verändert worden, so war die Weimarer Republik doch deutlich zentralistischer organisiert als das Kaiserreich. Die Staaten hießen nun Länder und waren in einem Reichsrat mit spürbar reduzierten Kompetenzen vertreten. Indem das Reich die Gesetzgebung und Verwaltung in vielen Bereichen an sich zog (Art. 6–19 und 78–101), wurde der Einheitsstaat durch die Hintertür eingeführt.

Nach dem ersten Hauptteil über »Aufbau und Aufgaben des Reichs« benannte der zweite Hauptteil die »Grundrechte und Grundpflichten der Deutschen«, die, ursprünglich gar nicht oder nur in knappem Umfang vorgesehen, schließlich 73 sehr unterschiedliche Artikel umfaßten: neben klassisch-liberalen Grund- und Menschenrechten wie der Gleichheit vor dem Gesetz

---

3 Art. 130 WRV: »Die Beamten sind Diener der Gesamtheit, nicht Diener einer Partei.«

(Art. 109), der Freiheit der Person (Art. 114), Freizügigkeit und Berufsfreiheit (Art. 111), Postgeheimnis und Meinungsfreiheit (Art. 117f.), Versammlungs- und Vereinigungsfreiheit (Art. 123f.), Glaubens- und Gewissensfreiheit (Art. 135) und der Gewährleistung des Eigentums (Art. 151), zugleich jedoch der Kompetenz des Reiches zur Sozialisierung (Art. 153), standen etwa der Schutz von Ehe und Familie (Art. 119), der Jugend (Art. 122), des Berufsbeamtentums (Art. 128f.), der Religionsgesellschaften (Art. 137), der Arbeitskraft (Art. 156) und des selbständigen Mittelstandes »gegen Überlastung und Aufsaugung« (Art. 164), die soziale Daseinssicherung (Art. 151), die »Pflicht zur Übernahme ehrenamtlicher Tätigkeiten« (Art. 132) und »persönliche[r] Dienste für den Staat und die Gemeinde« (Art. 133), die Schulpflicht (Art. 145) sowie Bestimmungen für das Schulwesen (Art. 142–150), die wirtschaftliche Mitbestimmung und den Reichswirtschaftsrat (Art. 165). Das Sammelsurium politischer und sozialer Kompromisse spiegelte die beteiligten Kräfte und Vorstellungen wider: Liberalismus, Sozialdemokratie und politischer Katholizismus, demokratisches Bürgertum und gemäßigte Arbeiterschaft, Reich und Länder, Oktoberreformen und Novemberrevolution.

II.

Die Verfassung beschrieb die Norm. Eine Verfassung ist ein Normenkomplex, der die Einrichtung und Ausübung der Staatsgewalt und das Verhältnis zwischen Staat und Gesellschaft grundsätzlich regelt. Sie ist eine Sollens-Ordnung. Ein Staat *hat* aber nicht nur eine Verfassung, sondern er *ist* auch in einer Verfassung. Insofern ist eine Verfassung zugleich eine Seins-Ordnung: die Verfassungswirklichkeit. Der Verfassungsbegriff hat also eine normative und eine empirische Seite, und dieser

Zusammenhang macht erst die Verfassungsgeschichte aus. Denn selbst wenn, im idealtypischen Fall, Norm und Wirklichkeit im Moment der Verfassungsstiftung zusammenfallen, so treten sie doch allein dadurch auseinander, daß sich die gesellschaftliche Wirklichkeit aus sich heraus weiterentwickelt, die verfassungsrechtliche Norm jedoch nicht.

Der Begriff der »politischen Kultur« versucht die geistige Verfaßtheit einer Gesellschaft zu erfassen. Allzu oft in einem qualitativ wertenden Sinne etwa für politische Umgangsformen oder das Niveau von Diskussionen oder Produkte der Hochkultur verwendet und daher oft als ganz unspezifisch und vage empfunden, meint er doch, schärfer gefaßt und durchaus eindeutig, im eigentlichen Sinne etwas ganz anderes: Der in den fünfziger und sechziger Jahren in der amerikanischen Politikwissenschaft geprägte und dann weiterentwickelte Begriff »politische Kultur« bezeichnet ganz wertfrei die Summe von in der Gesellschaft herrschenden (kurzfristigen) Meinungen, (mittelfristigen) Einstellungen und Haltungen und (langfristigen) Werten.[4] Dies ist die präzisere Begrifflichkeit für das, was man den »Geist der Zeit« nennen mag oder was Max Weber die »Weltbilder«[5] genannt hat. Jedenfalls bezeichnet politische Kultur den Rahmen des politischen Denkens und Handelns von Zeitgenossen

---

4   Gabriel Almond/Sidney Verba, *The Civic Culture. Political Attitudes and Democracy in Five Nations,* Princeton NJ 1963, verstanden politische Kultur ursprünglich im normativ-westlichen Sinne; für eine wertneutrale Begriffsverwendung vgl. die präzise Definition von Dirk Berg-Schlosser, Politische Kultur, in: Wolfgang W. Mickel (Hg.), *Handlexikon zur Politikwissenschaft,* Bonn 1986, S. 385–388 (zuvor: Ders., *Politische Kultur,* München 1972); für die historische Anwendung vgl. Karl Rohe, Politische Kultur und ihre Analyse. Probleme und Perspektiven der politischen Kulturforschung, in: *Historische Zeitschrift* 250 (1990), S. 322–346.

5   Max Weber, Die Wirtschaftsethik der Weltreligionen, in: Ders., *Gesammelte Aufsätze zur Religionssoziologie,* Bd. 1, 5. Aufl. Tübingen 1963, S. 237–572, hier S. 252.

und ist daher ein zentrales Phänomen innerhalb einer Gesellschaft und ihrer Politik.

Was geschieht unterdessen, wenn Verfassungsnorm und politische Kultur auseinanderklaffen, wenn der gesellschaftliche Konsens über die Verfassung fehlt? Und welche von beiden ist die entscheidende bewegende Kraft im historisch-politischen Prozeß? Diese Fragen zielen in die Mitte der Geschichte der Weimarer Republik und der Weimarer Reichsverfassung, und sie stehen auch im Zentrum der Überlegungen und Diskussionen in diesem Band.

III.

Wenn die Weimarer Reichsverfassung die erste demokratische Republik in Deutschland konstituierte, so stand sie nichtsdestoweniger in einer Tradition deutscher Verfassungen, die hundert Jahre und sehr viel weiter zurückreichte.

Verfassungen müssen nicht zwangsläufig niedergeschrieben und auch nicht aus einem Guß sein. Das klassische Beispiel hierfür ist die englische Verfassung, eine unüberschaubare Sammlung aus kleinen und großen Gesetzestexten wie der Magna Charta von 1215 oder der Bill of Rights von 1689, von Präzedenzfällen, Gewohnheitsrecht und Common sense der ungeschriebenen Gesetze. In all ihrer formaljuristischen Uneindeutigkeit besitzt diese Corpusverfassung weit höhere Verbindlichkeit als manche geschriebene Verfassung. Auch das alte, bis 1806 bestehende Heilige Römische Reich deutscher Nation hatte seine (Corpus-)Verfassung, die sich aus der Goldenen Bulle von 1356, dem Augsburger Religionsfrieden von 1555, dem Westfälischen Frieden von 1648, Konkordaten und Privilegien für die Reichsstände und anderem zusammensetzte.

Seit dem späten 18. und verstärkt im 19. Jahrhundert kam unterdessen die Forderung nach qualitativ ganz anderen, geschriebenen Verfassungen auf, die zunächst vor allem die Gewalt des Monarchen an geschriebenes Recht binden und beschränken sowie die Rechte und Freiheiten der Bürger schützen sollten. Codexverfassungen – geschriebene zusammenhängende Verfassungen – wurden zum Signum des Konstitutionalismus im 19. Jahrhundert. In den meisten deutschen Einzelstaaten wurden in den Jahrzehnten nach 1814 Verfassungen eingeführt und zumeist von oben erlassen. Sie ließen das monarchische Prinzip, die Souveränität des Monarchen, unangetastet und erfüllten die Hoffnungen der bürgerlichen Vertreter des Konstitutionalismus nicht. Zudem blieb der Wunsch nach dem deutschen Nationalstaat, der sich mit der Verfassungsbewegung im bürgerlichen Liberalismus eng verband, nach 1815 unerfüllt.

Die Reichsverfassung stand daher ganz im Zentrum der liberalen Richtung der Revolution und der Arbeit der Frankfurter Paulskirchenversammlung von 1848/49. Die Verfassung vom 28. März 1849 sah eine konstitutionelle Monarchie vor: Der Erbkaiser als Staatsoberhaupt stellte mit der von ihm bestimmten Regierung die Exekutive dar, die der demokratisch gewählten Legislative des Reichstags aus Volks- und Staatenhaus gegenüberstand; nach langen Diskussionen stand diesem institutionellen Teil ein 60 Paragraphen umfassender Grundrechtskatalog zur Seite.

Zwei Jahrzehnte nach dem Scheitern von Revolution, Paulskirchenparlament und Reichsverfassung setzte Bismarck die Einigung Deutschlands durch eine »Revolution von oben« ins Werk. Anders als die aus der Volkssouveränität legitimierte Verfassung von 1849 verankerte die Konstitution von 1871 die Legitimität und die Souveränität bei den Fürsten und freien Städten und ihrer Vertretung, dem Bundesrat. Das Regierungssystem entsprach hingegen weitgehend den Vorstellungen der Paulskirche: Der Monarch bestellte die Regierung, auf deren Zusammensetzung und Existenz der Reichstag formell keinen Einfluß hatte. Unter klarer Teilung der Gewalten verfügte der von den über 25 Jahre alten Männern allgemein, gleich und direkt gewählte Reichstag, zusammen mit der Vertretung der Länderregierungen (dies wirkte der Gewaltenteilung wiederum entgegen), über die klassischen Kompetenzen der Legislative: Gesetzgebung und Steuerbewilligung. Grundrechte führte diese ganz auf organisatorische Regelungen konzentrierte Verfassung nicht auf, wobei an der Rechtsstaatlichkeit des Reiches kein Zweifel blieb.

Das junge Deutsche Reich stand zwischen Ost und West; außenpolitisch lag es in der Mitte Europas und suchte jede Bindung zu vermeiden, und auch innenpolitisch stand der deutsche »Konstitutionalismus« (wie die Regierungsform des Kaiserreichs genannt wurde, ohne daß der Begriff mit der allgemeinen politischen Idee des Konstitutionalismus im 19. Jahrhundert gleichbedeutend wäre) in seiner Mischung aus monarchischer Souveränität und demokratischen Mitbestimmungsrechten zwischen den Welten: nicht die quasi-absolutistische Autokratie des russischen Zarismus, aber auch nicht der westliche Parlamentarismus, der sich seit dem späten 19. Jahrhundert zunehmend mit der Demokratie verband und der vor allem durch die Verantwortung der Regierung gegenüber dem Parlament gekennzeichnet war. Im deutschen Konstitutionalismus stand die vom Parlament unabhängige monarchische Regierung über den Parteien.

Obwohl der deutsche Konstitutionalismus über ein Parlament verfügte, verstand er sich, im Hinblick auf die Souveränität und im Gegensatz etwa zu England, nicht als parlamentarisch; »konstitutionelle« und »parlamentarische« Monarchie wurden zu Gegensätzen. Als 1914 der Krieg ausbrach, wurde der deutsche Konstitutionalismus zusammen mit dem patriotischen Gemeinschaftserlebnis in die schillernde Legierung der spezifisch deutschen »Ideen von 1914«[6] (Johann Plenge) eingeschmolzen.

IV.

Dieser Weltkrieg von 1914 bedeutete, um das legendäre Wort von George F. Kennan zu zitieren, die »Urkatastrophe des zwanzigsten Jahrhunderts«[7]. Der Krieg mit all seinen technischen Möglichkeiten, dem Fronterlebnis von Schützengraben, Gaseinsatz und Feuerwalze, Massensterben und Verstümmelung und der ganz neuartigen Einbeziehung von Zivilbevölkerung und Heimatfront entblößte die Fratze einer, so Kurt Riezler stellvertretend für viele, »verflucht verwirrten modernen Welt«. Und Reichskanzler Bethmann Hollweg erwartete vom Krieg schlicht die »Umwälzung alles Bestehenden«[8].

Die militärische Niederlage im Ersten Weltkrieg riß die Staatsordnung des Kaiserreiches mit in den Abgrund, der Zusammenbruch von Front und Monarchie hinterließ den Mehrheitsparteien des Reichstages im wahren Sinne ein Trümmerfeld: Revolution und Bürgerkrieg im ganzen Reich bis tief in das Jahr 1919 hinein und dann auch noch darüber hinaus, schwerste ökonomische und soziale Lasten durch Kriegsheimkehrer,

---

6 Johann Plenge, *1789 und 1914. Die symbolischen Jahre in der Geschichte des politischen Geistes,* Berlin 1916, S. 3.

7 George F. Kennan, *Bismarcks europäisches System in der Auflösung. Die französisch-russische Annäherung 1875–1890,* Frankfurt a. M. / Berlin / Wien 1981, S. 12.

8 Kurt Riezler, Tagebucheinträge vom 25. und vom 7. Juli 1914, in: Kurt Riezler, *Tagebücher, Aufsätze, Dokumente,* eingeleitet und herausgegeben von Karl Dietrich Erdmann, Göttingen 1972, S. 191 und 183.

kriegsbedingte Kosten und Inflation sowie durch Reparationsforderungen der Sieger und überhaupt den demütigenden Dik-
tatfrieden.

Noch in den letzten Wochen des Kaiserreiches wurde die
Reichsverfassung reformiert und die strikte Gewaltenteilung
zwischen Exekutive und Legislative zugunsten der letzteren
überwunden: Die »Oktoberreform« machte die Reichsregierung
vom Vertrauen des Reichstags abhängig, dessen Mitglieder nun,
anders als zuvor, zugleich Minister sein konnten. Der deutsche
Konstitutionalismus war westlich parlamentarisiert.

Diese innere Orientierung nach Westen fand jedoch keine Ent-
sprechung im Äußeren. Denn der Versailler Vertrag legte dem
unterlegenen Deutschen Reich, das immerhin als Nationalstaat
erhalten blieb, schwere ökonomische, territoriale und militärische Bürden und Beschränkungen auf; als besonders demüti-
gend wurde von den Deutschen der Artikel 231 empfunden, der,
wenn auch in erster Linie zur Legitimation der Reparationszahlungen gedacht, Deutschland und seinen Verbündeten die alleinige Schuld am Kriege zuschrieb.

Nicht Ausgleich nach dem Waffengang, nicht klassische
diplomatische Schonung des militärisch Unterlegenen bestimmten den Frieden für die Deutschen, sondern, zumindest auf
französischer Seite, der Wunsch nach dauerhafter Schwächung
und auch Demütigung. Doch dies war keineswegs allein den
alliierten Siegermächten vorbehalten: Auch das Deutsche
Reich hatte in dem mindestens ebenso harten Separatfrieden
von Brest-Litowsk vom 3. März 1918 dem revolutionären Rußland demütigende und schwer drückende Friedensbedingungen
diktiert.

In ganz Europa herrschte nach dem großen Krieg ein Klima
der Unerbittlichkeit statt der Mäßigung, der Unbedingtheit statt
des Ausgleichs, der Absolutheit statt des Kompromisses, und der
»Alte Adam«, wie der britische Diplomat Robert Vansittart die-

sen Nationalismus nannte, »säte eine Rekordernte von Wicken zwischen den Weizen« der europäischen Völker.[9]

V.

Aus der Perspektive des endenden Saeculums wirken die geistigen Landschaften des frühen 20. Jahrhunderts wie tief versunkene Welten. Wohl nie zuvor hat ein Jahrhundert so umfassenden Wandel über die Menschheit gebracht, sei es in ökonomischer und industrieller, in demographischer, in verkehrstechnischer und kommunikativer, in wissenschaftlicher und technologischer, in politischer und kultureller und in mentaler Hinsicht.[10] Die gesellschaftlichen Leitbilder der ersten fast fünf Jahrzehnte – die militärischen Ideale des Wilhelminismus, die gemeinschaftlichen und ganzheitlichen Ideale bis hin zur »Volksgemeinschaft« in der Zwischenkriegszeit, ein staatsorientierter, pflichtgeschulter Korporatismus bis hin zu seiner totalitären Entartung – haben in der zweiten Jahrhunderthälfte ihre Leuchtkraft verloren. Die resolute Westorientierung oder »Westernisierung« der Bundesrepublik Deutschland nach dem Zweiten Weltkrieg markiert den wohl tiefsten Einschnitt in der politischen, gesellschaftlichen und kulturellen Entwicklung des Landes. Die etablierte parlamentarische Demokratie, die politische und militärische Bindung an den Westen und der freiheitlich-pluralistische Individualismus des *pursuit of happiness* haben die geistige Landschaft umgepflügt, dabei aber auch im

---

9 Robert Vansittart, Memorandum »An Aspect of International Relations in 1930«, 1. Mai 1930, in: *Documents on British Foreign Policy,* Serie IA, Band VII, S. 834–852, hier S. 850.
10 Vgl. dazu die originelle *Columbia History of the 20th Century,* hg. von Richard W. Bulliet, New York 1998.

Verbund mit der vereinzelnden Vielfältigkeit der Postmoderne, dem Hedonismus der »Erlebnisgesellschaft«[11] und der Unübersichtlichkeit der heraufziehenden Informationsgesellschaft Wurzeln verbindlicher gemeinwohlorientierter Werte und Pflichten herausgerissen, wie etwa Helmut Schmidt immer wieder beklagt.

Die Bürger der DDR waren in diese deutsche Westorientierung bis 1990 nicht einbezogen; es gibt guten Grund zu der Annahme, daß im Gewand des sozialistischen Staates Elemente eines älteren, an Autorität ebenso wie an Versorgung, an der »guten Policey« orientierten Staatsverständnisses überdauert haben. Diese Diskrepanz staatlicher und gesellschaftlicher Leitbilder ist sicher nicht die unbedeutendste im deutschen Wiedervereinigungsprozeß.

Diese deutsche Frage weist zurück in die geteilte ebenso wie in die gemeinsame Geschichte im frühen 20. Jahrhundert, die zugleich mit unvermuteter Plötzlichkeit nach Europa zurückkehrt. Die kriegerischen Auseinandersetzungen auf dem Balkan tauchen etwa die Ereignisse von 1914 in ein neues altes Licht und eröffnen eine neue Sicht auf die Vergangenheit und auf Krieg in Europa.

Kann man also aus der Geschichte »lernen«? Oder kann man, wie oft gesagt wird, nur lernen, daß die Menschen nichts aus der Geschichte lernen? Geschichte wiederholt sich nicht, und daher greifen Analogien nicht. Aber das Wissen um die Vergangenheit macht sensibler für die Gegenwart, die sich in breiterer Perspektive erfassen läßt. Umgekehrt sensibilisiert aber auch die Gegenwart für die Vergangenheit, und jede Gegenwart bringt neue Fragen an die Vergangenheit hervor. Jedenfalls lehrt das 20. Jahrhundert – die kriegerischen Krisen an seinem Ende wie

---

11 Gerhard Schulze, *Die Erlebnisgesellschaft. Kultursoziologie der Gegenwart,* Frankfurt a. M. 1992.

an seinem Anfang, die unermeßlichen Menschenrechtsverlet-
zungen, oder die Revolution der Staatenwelt am Ende des Kal-
ten Krieges –, daß von einem Ende der Geschichte keine Rede
sein kann. Wenn sich auch nicht viel lernen und noch weniger
vorhersehen läßt, so ist es doch nur klug, das Gegenwärtige nicht
einfach als gegeben und gesichert anzusehen, sondern aus dem
Wissen um die Verwerfungen des Geschichtlichen mit der Unbe-
rechenbarkeit des Künftigen zu rechnen und das Erreichte zu
hüten.

Politische Kultur und ökonomische Probleme der Weimarer Republik aus heutiger Sicht
von
Carl-Ludwig Holtfrerich

Zunächst möchte ich daran erinnern, wie zeitlich nah uns die Gründung der Weimarer Republik noch ist. Sie ist genau so jung wie der Schirmherr unserer Veranstaltung. Helmut Schmidt wird aber allenfalls das Ende der Weimarer Republik, die Jahre der Weltwirtschaftskrise, mit politischem Bewußtsein wahrgenommen haben. Vielleicht erinnert er sich noch an die staatlich verordnete Preissenkung für Brötchen von 5 auf 4 Pfennig und die Einführung einer Vier-Pfennig-Münze, die den Preissenkungen im Einzelhandel Symbolkraft verleihen sollte.[1] Aber zum Diplom-Volkswirt, der sich mit ökonomischen Problemen theoretisch beschäftigt, wurde er natürlich erst sehr viel später, im Anschluß an den Zweiten Weltkrieg, ausgebildet.

Vorgegeben wurde mir, das Thema aus heutiger Sicht zu behandeln. Der große Philosoph dieses Jahrhunderts, Karl Rai-

Den Kollegen Gerald D. Feldman und Heinrich August Winkler danke ich für einige nützliche Hinweise.
1   Gerhard Schulz, *Von Brüning zu Hitler. Der Wandel des politischen Systems in Deutschland 1930–1933*, Berlin 1992, S. 627.

25

mund Popper, hielt das »aus heutiger Sicht« für eine Selbstverständlichkeit bei einer jeden historischen Darstellung: »Es kann
keine Geschichte der Vergangenheit geben, wie sie tatsächlich
gewesen ist. [Damit griff er Leopold von Ranke an, der die
Historiker im 19. Jahrhundert darauf eingeschworen hatte, statt
zu moralisieren nur aufzuzeigen, ›wie es eigentlich gewesen
ist‹.] Es kann nur historische Interpretationen geben, und von
diesen ist keine endgültig; und jede Generation hat ein Recht,
sich ihre eigene Interpretation zu bilden. Aber sie hat nicht nur
ein Recht dazu, sondern fast auch eine Pflicht; denn hier ist wirklich ein dringendes Bedürfnis zu erfüllen. Es ist nicht nur, daß
wir wissen möchten, in welcher Beziehung unsere Schwierigkeiten zur Vergangenheit stehen, sondern wir brauchen dieses
Wissen dringend. Und wir möchten den Weg sehen, auf dem wir
zur Lösung der von uns erfühlten und erwählten Hauptaufgaben
fortschreiten können.«[2] Meine eigenen historischen Studien
habe ich stets aus dieser Sicht der Funktion der Geschichtswissenschaft betrieben.

Auch mein wirtschaftshistorischer Kollege Knut Borchardt,
mit dem ich eine Kontroverse um die wirtschaftlichen und wirtschaftspolitischen Ursachen des Scheiterns der Weimarer Republik ausgefochten habe, hat das Verhältnis von Gegenwart und
Geschichte treffend charakterisiert: »Es ist ja nicht so, daß man
nur aus der Geschichte für die Gegenwart lernen kann – man
lernt immer auch aus der Gegenwart für die Geschichte.«[3] Dies

---

2   Karl Raimund Popper, *Die offene Gesellschaft und ihre Feinde,* Bd. 2, II:
Falsche Propheten. Hegel, Marx und die Folgen, 7. Aufl. Tübingen 1992, S. 315.
3   Knut Borchardt, Zwangslagen und Handlungsspielräume in der großen
Weltwirtschaftskrise der frühen dreißiger Jahre, in: Ders., *Wachstum, Krisen,
Handlungsspielräume der Wirtschaftspolitik,* Göttingen 1982, S. 166. Kritisch
dazu vor allem meine folgenden Aufsätze: Carl-Ludwig Holtfrerich, Alternati-
ven zu Brünings Wirtschaftspolitik in der Weltwirtschaftskrise? In: *Historische
Zeitschrift* 235 (1982), S. 605–631. Ders., Zu hohe Löhne in der Weima-

war allerdings seine Begründung dafür, den Paradigmenwechsel von der nachfrage- zur angebotsorientierten Wirtschaftspolitik, der in den 1970er Jahren stattgefunden hatte, nunmehr auch in eine Neuinterpretation der Wirtschaftsgeschichte der Weimarer Republik einmünden zu lassen. Kritik habe ich an seiner zu einseitig angebotsorientierten Interpretation der wirtschaftlichen Probleme der Weimarer Republik geäußert. Seine zitierte Sicht des Verhältnisses von Gegenwart und Geschichte teile ich demgegenüber voll.

Mit der politischen Kultur der Weimarer Republik, besonders hinsichtlich ihrer Verfassung, werde ich mich zunächst beschäftigen, daran anschließend mit den ökonomischen Problemen aus heutiger Sicht.

I.

Daß die mit der Weimarer Verfassung eingeführte Demokratie auf tönernen Füßen stand und von großen Teilen der deutschen Bevölkerung, besonders den traditionellen Machteliten, nicht akzeptiert wurde, ist bekannt.[4] Sie war eine »Schönwetterdemokratie«, die im Gegensatz zu anderen westlichen Demokra-

---

rer Republik? Bemerkungen zur Borchardt-These, in: *Geschichte und Gesellschaft,* 10 (1984), S. 122–141. Ders., Economic Policy Options and the End of the Weimar Republic, in: Ian Kershaw (Hg.), *Weimar: Why Did German Democracy Fail?* London 1990, S. 58–91. Zur Kontroverse in einem breiteren Umfeld siehe: Jürgen von Kruedener (Hg.), *Economic Crisis and Political Collapse. The Weimar Republic 1924–1933,* New York 1990, und C.-L. Holtfrerich, Zur Debatte über die deutsche Wirtschaftspolitik von Weimar zu Hitler, in: *Vierteljahrshefte für Zeitgeschichte,* 44 (1996), S. 119–132. Zusammenfassend: Eberhard Kolb, *Die Weimarer Republik* (= Oldenbourg, Grundriß der Geschichte, Bd. 16), 4. Aufl. München 1998, S. 193–195, 215–218.
4   Heinrich August Winkler, *Weimar 1918–1933. Die Geschichte der ersten deutschen Demokratie,* München 1993, S. 601.

tien und – möchte ich hinzufügen: der heutigen Bundesrepublik – den rauhen Wind der Weltwirtschaftskrise nicht überlebt hat.

Mit der Revolution von 1918 und der Weimarer Verfassung von 1919 fand das Deutsche Reich mit seiner republikanischen Verfassungsnorm Anschluß an liberal-demokratische Entwicklungen, die in den westeuropäischen Ländern und in den USA lange vorher stattgefunden hatten. Das, was schon Karl Dietrich Bracher 1955 als »Weg einer Sonderentwicklung«[5] und spätere Historiker als den deutschen Sonderweg nach der gescheiterten bürgerlichen Revolution in Deutschland von 1848 bezeichnet haben,[6] schien überwunden. Die Zentralgewalt des Reiches wurde gestärkt, besonders im finanz- und damit im wirtschaftspolitischen Bereich. Die Machtbasis der alten Eliten in den Einzelstaaten wurde geschwächt, gerade auch in Preußen mit seinem Dreiklassenwahlrecht bis zum Ende des Kaiserreichs. Mit der Abdankung des Kaisers wurde die »Monarchie mit demokratischem Zusatz«[7], der »wilhelminische Scheinparlamentarismus«, ein »De-facto-Absolutismus«[8], der »Obrigkeitsstaat [...], der sich qualitativ von den parlamentarisch regierten Ländern Nord- und Westeuropas unterschied«[9], abgeschafft. Dazu hatten freilich auch die Waffenstillstandsbedingungen der westlichen Siegermächte beigetragen, die aus den 14 Punkten des amerikanischen Präsidenten Woodrow Wilson abgeleitet waren.

---

5   Karl Dietrich Bracher, *Die Auflösung der Weimarer Republik,* 5. unveränd. Aufl. Düsseldorf 1978, S. 8.

6   Zum Start der Debatte über den deutschen Sonderweg: Hans-Ulrich Wehler, *Das Deutsche Kaiserreich 1871–1918,* 3. Aufl. Göttingen 1977, und Geoff Eley/David Blackbourn, *The Peculiarities of German History. Bourgeois Society and Politics in Nineteenth Century Germany,* Oxford 1984.

7   Werner Naef, *Die Epochen der neueren Geschichte,* Bd. II, Aarau 1946, S. 266, zit. n. Bracher, *Auflösung* (wie Anm. 5), S. 8.

8   Bracher, *Auflösung* (wie Anm. 5), S. 7 und 16.

9   Winkler, *Weimar* (wie Anm. 4), S. 15.

Andere Bedingungen des Waffenstillstands und des Versailler Vertrages, vor allem die Anerkennung der Kriegsschuld, die hohen Reparationsforderungen und die Reduzierung der deutschen Wehrmacht auf hunderttausend Mann, mißfielen den alten staatstragenden konservativ und national eingestellten Eliten so sehr, daß die Militärführung den Waffenstillstand nicht selbst gegenzeichnete – was normal gewesen wäre –, sondern dies, mit Matthias Erzberger (Zentrum) als Delegationsleiter, dem neuen »Rat der Volksbeauftragten« überließ, der nur aus SPD- und USPD-Mitgliedern bestand, die schon lange zuvor als »Reichsfeinde«[10] und »vaterlandslose Gesellen«[11] abgestempelt waren. Erich Ludendorff, zusammen mit Generalfeldmarschall von Hindenburg seit 1916 Chef der Obersten Heeresleitung, hatte angesichts der aussichtlosen militärischen Lage die Parlamentarisierung des Deutschen Reiches für diesen Zweck gefordert und ließ am 1. Oktober 1918 verlauten: »Sie sollen die Suppe jetzt essen, die sie uns eingebrockt haben.«[12] Im Verein mit der von ihm und später auch von Hindenburg verbreiteten »Dolchstoßlegende«, die von den alten Eliten begierig aufgegriffen wurde, haftete den Vertretern der Linksparteien seitdem so etwas wie das Odium von Hoch- und Landesverrätern an, statt daß man sie als politische Gegner respektierte.

Der Vorwurf, der in alliierten Ländern während des Krieges häufig erhoben worden war und den man in Deutschland entrüstet zurückgewiesen hatte, stellte sich schon in der Weimarer Republik und erst recht in der nationalsozialistischen Epoche als berechtigt heraus: Es gebe zwei Deutschland, nämlich »ein

---

10   Friedrich Naumann, *Die politischen Parteien,* Berlin 1910, S. 18ff., zit. n. Bracher, *Auflösung* (wie Anm. 5), S. 10.

11   Winkler, *Weimar* (wie Anm. 4), S. 18.

12   Albrecht von Thaer, *Generalstabsdienst an der Front und in der OHL. Aus Briefen und Tagebuchaufzeichnungen 1915–1919,* hg. v. Siegfried A. Kaehler, Göttingen 1958, S. 235, zit. n. Winkler, *Weimar* (wie Anm. 4), S. 23.

Deutschland der militärischen Prahlerei, der kriecherischen Unterwerfung unter die Obrigkeit, der aggressiven außenpolitischen Abenteuer und der krankhaften Vorliebe für das Formale; und daneben ein Deutschland der lyrischen Dichtung, der humanistischen Philosophie und des friedfertigen Weltbürgertums.«[13] Mit der Schaffung der Republik in der Stadt Goethes und Schillers sollte ein Zeichen gesetzt werden, daß sich nun das zweite Deutschland auch im Geist Goethes und Schillers auf Dauer verwirklichen würde. Aber die Öffnung Deutschlands für die Werte der westlichen Demokratien fand nur in den Köpfen der »Vernunftrepublikaner«, zu denen auch Walther Rathenau und Gustav Stresemann gehörten, statt. In den Herzen der Deutschen lebte die Sehnsucht nach einer Rückkehr zum ersten Deutschland fort.

Nach dem Untergang der Republik stellte Friedrich Meinecke fest: »Das deutsche Volk war für die parlamentarische Demokratie, und nun zumal unter dem Druck des Versailler Friedens einfach nicht reif. Das habe ich mir schon von Anfang an im stillen gesagt.«[14] Ernst Fraenkel wies darauf hin, daß während der Weimarer Republik die Redewendung »die westlichen Demokratien« (mit ihren Parlamenten als »Schwatzbuden«) mit Haß und Ressentiment geladen war und wer sich dazu bekannte, Gefahr lief, »undeutschen« Denkens und Handelns bezichtigt zu werden.[15] Gegenüber der pluralistischen Demokratie, zu deren Verwurzelung er in der Bundesrepublik wesentliche intellektu-

---

13 Peter Gay, *Die Republik der Außenseiter. Geist und Kultur in der Weimarer Zeit,* Frankfurt a. M. 1970, S. 17.
14 In einem Brief an seinen Fachkollegen Walter Lenel vom 7. Mai 1933, zit. in: Gay, Republik der Außenseiter (wie Anm. 13), S. 44.
15 Ernst Fraenkel, *Deutschland und die westlichen Demokratien,* 2. Aufl. Stuttgart 1964, S. 32. Zur Kritik an der »Amerikanisierung« allgemein und damit an der »westlichen« Ausprägung von Modernität vgl. Detlev J. K. Peukert, *Die Weimarer Republik. Krisenjahre der Klassischen Moderne,* Frankfurt a. M. 1987, S. 178–190.

elle Beiträge leistete, herrschte in der Weimarer Republik die autoritäre Staatslehre vor, die vor allem von Carl Schmitt vertreten wurde.[16] Trotz der Verfassungsnormen setzte sich in der Republik von Weimar die Akzeptanz dessen nicht durch, was Fraenkel mit folgenden Formulierungen auf den Punkt brachte: »Eine funktionierende freiheitlich-rechtsstaatliche Demokratie geht daher von der Notwendigkeit und Wünschbarkeit der Divergenz in tunlichst vielen Einzelfragen und der Notwendigkeit und Unvermeidlichkeit der Konvergenz in allen Grundfragen aus.«[17] Und die dialektische Spannung »zwischen Interessenrepräsentation und *volonté générale,* das niemals endende Bemühen, mittels freier und offener Auseinandersetzungen einen Ausgleich zwischen diesen beiden Prinzipien herzustellen«, erfordere, daß zwischen den Interessengruppen »das Minimum einer Übereinstimmung über die verpflichtende Kraft eines als gültig anerkannten Wertkodex besteht, das unerläßlich ist, um als tragfähige Basis für den Abschluß der allfälligen Kompromisse zu dienen.«[18] In seiner Studie über antidemokratisches Denken in der Weimarer Republik hat Kurt Sontheimer festgehalten: »Auf der Übereinstimmung in den Grundprinzipien der verfassungsmäßigen Ordnung des Staatslebens ruht die

---

16   Hans Kremendahl, Von der dialektischen Demokratie zum Pluralismus. Kontinuität und Wandel im Werk Ernst Fraenkels, in: Günther Doeker/Winfried Steffani (Hgg.), *Klassenjustiz und Pluralismus.* Festschrift für Ernst Fraenkel zum 75. Geburtstag am 26. Dezember 1973, Hamburg 1973, S. 381. Zu Carl Schmitt auch: Dieter Grimm, Verfassungserfüllung – Verfassungsbewahrung – Verfassungsauflösung. Positionen der Staatsrechtslehre in der Staatskrise der Weimarer Republik, in: Heinrich August Winkler (Hg.), *Die deutsche Staatskrise 1930–1933. Handlungsspielräume und Alternativen,* München 1992, S. 193–195.
17   Ernst Fraenkel, Strukturanalyse der freiheitlich-rechtsstaatlichen Demokratie, in: Joachim Rohlfes/Hermann Körner (Hgg.), *Historische Gegenwartskunde,* Göttingen 1969, S. 253.
18   Fraenkel, *Deutschland* (wie Anm. 15), S. 40, 42.

Funktionsfähigkeit der Demokratie. Wo dieser Konsensus nicht erreicht wird, kann eine freiheitliche Demokratie nicht gedeihen.«[19]

Es gelang in der Weimarer Republik nicht, starke oppositionelle Kräfte von ihrem Mißtrauen und Kampf gegen die Republik abzubringen und für eine prinzipielle Zustimmung zur Verfassung zu gewinnen.[20] Und das, obwohl die Verfassungsväter neben dem Parlamentssystem mit seinem Zwang zu Kompromissen zwischen den Parteien und zur Koalitionsbildung als Konzession an autoritäres Denken mit Art. 48, dem diktatori-

---

19 Kurt Sontheimer, *Antidemokratisches Denken in der Weimarer Republik,* 4. Aufl. München 1994, S. 13. Wie Intellektuelle während der Weimarer Jahre die Machtübernahme der Nationalsozialisten, die Synthese von Sozialismus und Nationalismus, von Volksgemeinschaft und Rassenideologie publizistisch vorbereiteten, zeigt deutlich Christoph H. Werth, *Sozialismus und Nation. Die deutsche Ideologiediskussion zwischen 1918 und 1945,* Opladen 1996. Siehe auch: Manfred Gangl/Gérard Raulet (Hgg.), *Intellektuellendiskurse in der Weimarer Republik. Zur politischen Kultur einer Gemengelage,* Frankfurt a. M. 1994. Gay, *Republik der Außenseiter* (wie Anm. 13); Walter Laqueur, *Weimar. Die Kultur der Republik,* Frankfurt a. M. 1976; Bernd Faulenbach, *Ideologie des deutschen Weges,* München 1980; Kurt Töpner, *Gelehrte Politiker und politisierende Gelehrte,* Göttingen 1970; Hagen Schulze, *Weimar. Deutschland 1917–1933,* 4. Aufl., Berlin 1994, S. 123–138. Schulze sieht auf dem Gebiet der Mentalitäten, der Einstellungen und des Denkens bei der Bevölkerungsmehrheit sowie bei den Verantwortlichen in den Parteien und Verbänden die Hauptursache des Scheiterns der Weimarer Republik (vgl. S. 425 und 427) und spricht deshalb – wie Karl Dietrich Erdmann – von »Selbstpreisgabe« der Demokratie (S. 428). Kritisch dazu: Hans Mommsen, *Die verspielte Freiheit. Der Weg der Republik von Weimar in den Untergang 1918 bis 1933,* Frankfurt a. M. 1990, S. 7.
20 Grimm, Verfassungserfüllung (wie Anm. 16), S. 184: »Der Weimarer Verfassung hatte von Anfang an ein breiter Konsens gefehlt.« Zum Kampf gegen die parlamentarische Demokratie und zum Parteienstreit: Hans Mommsen, Regierung ohne Parteien. Konservative Pläne zum Verfassungsumbau am Ende der Weimarer Republik, in: Winkler (Hg.), *Staatskrise* (wie Anm. 16), S. 1–18; ders., Die Illusion einer Regierung ohne Parteien und der Aufstieg der NSDAP, in: Eberhard Kolb/Walter Mühlhausen (Hgg.), *Demokratie in der Krise. Parteien im Verfassungssystem der Weimarer Republik,* München 1997, S. 113–139.

schen Notverordnungsparagraphen, auch das Präsidialsystem, d. h. vom Präsidenten statt vom Parlament ausgehende Gesetzgebungskompetenz, vorgesehen hatten.[21] Den Parteien wurde aber gerade dadurch die Flucht aus der Verantwortung ermöglicht. Diese »ambivalente Machtstruktur« hat Bracher als den »dualistische[n] Geburtsfehler der Weimarer Republik«[22] bezeichnet. Demgegenüber kann Hagen Schulze dem Art. 48 auch positive Seiten abgewinnen. Nach seiner Ansicht »bot die präsidiale Reserveverfassung immerhin die nächstbeste Lösung«.[23] Sie

---

21 Art. 48 lautete in den entscheidenden Absätzen 2 und 3: »Der Reichspräsident kann, wenn im Deutschen Reich die öffentliche Sicherheit und Ordnung erheblich gestört oder gefährdet wird, die zur Wiederherstellung der öffentlichen Sicherheit und Ordnung nötigen Maßnahmen treffen [...]. Von allen [...] getroffenen Maßnahmen hat der Reichspräsident unverzüglich dem Reichstag Kenntnis zu geben. Die Maßnahmen sind auf Verlangen des Reichstags außer Kraft zu setzen.« Nach herrschender Lehre wurde dieser Tatbestand nicht nur bei Störungen im engeren polizeilichen Sinn, z. B. Straßenunruhen und Putschversuchen, als gegeben angesehen, sondern auch bei Zuständen, »die eine Erkrankung des Wirtschafts- und Finanzorganismus bedeuten«, oder »im Falle des Auftretens von Störungen des Staats-, insbesondere des parlamentarischen Apparats, die ein normales, die Staatsnotwendigkeiten sicherndes Funktionieren der Gesetzgebungs- und Regierungstätigkeit verhindern oder gefährden«. Vgl. Gerhard Anschütz, *Die Verfassung des Deutschen Reichs vom 11. August 1919*, 14. Aufl. Berlin 1933, S. 278f.; vgl. Christoph Gusy, *Die Weimarer Reichsverfassung*, Tübingen 1997, S. 107–113. Art. 25 übertrug dem Reichspräsidenten, der unabhängig vom Reichstag direkt gewählt wurde und den Reichskanzler nicht nur zu ernennen, sondern auszuwählen befugt war, auch folgendes Recht: »Der Reichspräsident kann den Reichstag auflösen, jedoch nur einmal aus dem gleichen Anlaß. Die Neuwahl findet spätestens am sechzigsten Tage nach der Auflösung statt.« Zu dieser und anderen Befugnissen des Reichspräsidenten: Gusy, *Reichsverfassung*, S. 98–115.
22 Bracher, *Auflösung* (wie Anm. 5), S. XVII.
23 Schulze, *Weimar* (wie Anm. 19), S. 423. Er war es auch, der den Begriff 1980 prägte: H. Schulze, Das Scheitern der Weimarer Republik als Problem der Forschung, in: Karl Dietrich Erdmann/Hagen Schulze (Hgg.), *Weimar. Selbstpreisgabe einer Demokratie. Eine Bilanz heute*, Düsseldorf 1980, S. 23–41, bes. S. 30.

habe ebensogut zur Bekämpfung des politischen Extremismus und zur Rettung der Republik dienen können, z. B. in den Krisen bis 1924, wie sie am Ende der Republik das Gegenteil tat. In der politischen Kultur aber trug das Vorhandensein der Möglichkeit autoritären Regierens zu einer extremen Fragmentierung der politischen Zirkel auch im bürgerlichen Lager bei. Gerald D. Feldman stellt fest: »In einer fragmentierten politischen Kultur wußten die Nationalsozialisten die Sehnsucht nach einer Volksgemeinschaft geschickt auszunutzen.«[24] Der Dualismus der Systeme in der Verfassung war geradezu eine Einladung an politische Kräfte, ihre Konflikte nicht im Rahmen eines demokratischen Grundkonsenses, sondern im Streit über den Charakter der Staatsform auszutragen.

Selbst Vertreter der Zentrumspartei, die sich mit der SPD und den Linksliberalen (DDP) in den Anfangsjahren zu der staatstragenden Weimarer Koalition zusammenfand, konnten sich weder mit der Verfassungsnorm noch mit der Verfassungswirklichkeit der Weimarer Republik anfreunden. Heinrich Brüning habe in der Weimarer Verfassung eine von außen aufgezwungene, mit der deutschen Staatstradition unvereinbare politische Form gesehen und mit zahlreichen Republikgegnern eine ausgeprägte Abneigung gegen das seiner Ansicht nach selbstherrlich auftretende politische Parteiwesen geteilt, so urteilt Hans Mommsen.[25] Als Kanzler strebte er an, nach dem Ende der Reparationen, für das er seine Deflationspolitik und die Weltwirtschaftskrise als »Waffe« nutzen wollte,[26] die Monarchie in

---

24 Gerald D. Feldman, Der 30. Januar 1933 und die politische Kultur von Weimar, in: Winkler (Hg.), *Staatskrise* (wie Anm. 16), S. 269.

25 Hans Mommsen, *Die verspielte Freiheit* (wie Anm. 19), S. 298.

26 Heinrich Brüning, *Memoiren 1918–1934,* Stuttgart 1970, S. 309. Daß die »Ausnutzung wirtschaftlicher Notstände« die bewußt vorbereitete reparationspolitische Leitlinie Brünings war, ist auch nachgewiesen von: Schulz, *Von Brü-*

Deutschland wiedereinzuführen. Diesen Plan will er nach seiner eigenen Darstellung schon im Oktober 1930 in einem vertraulichen Gespräch mit Hitler besprochen haben, von dessen Partei er sich Unterstützung in dieser wie in anderen Fragen versprach – freilich vergeblich.[27] Brüning wünschte bei entsprechenden Mehrheitsverhältnissen die Bildung von Regierungskoalitionen zwischen Zentrum und NSDAP, also den erklärten Feinden der parlamentarischen Demokratie, in den Ländern und auf Reichsebene.[28]

Ich erinnere mich lebhaft, wie erschrocken ich war, als ich das erste Kapitel der Memoiren von Heinrich Brüning über »Das Ende des Krieges« las. Folgende Zitate daraus mögen das kulturelle Erbe beschreiben, das für Politiker selbst in den als gemäßigt geltenden Parteien der Weimarer Republik prägend war: »Wir waren eine Zwischengeneration, voller Verachtung gegenüber dem herrschenden Materialismus, der vom klassischen Liberalismus übrig blieb.«[29] Gerald D. Feldman hat festgestellt, daß Brünings Denken »von einem bizarren Antiindustrialismus und Antimodernismus geprägt war«.[30] Zum Einsatz

---

ning zu Hitler (wie Anm. 1), S. 327. Dazu und zu den politischen Prioritäten Brünings: Carl-Ludwig Holtfrerich, Alternativen zu Brünings Wirtschaftspolitik (wie Anm. 3). William L. Patch, Jr., *Heinrich Brüning and the Dissolution of the Weimar Republic,* Cambridge 1998, S. 77.

27 Brüning, *Memoiren* (wie Anm. 26), S. 194f. Winkler, *Weimar* (wie Anm. 4), S. 376 und 393, äußert Zweifel daran, daß Brüning die Rückkehr zur Monarchie während seiner Regierungszeit angestrebt habe. Die Korrektheit von Brünings Darstellung dieser Frage in seinen Memoiren bezweifelt auch: Andreas Rödder, Dichtung und Wahrheit. Der Quellenwert von Heinrich Brünings Memoiren und seine Kanzlerschaft, in: *Historische Zeitschrift* 265 (1997), S. 77–116. Zur Unzuverlässigkeit von Brünings Memoiren ausführlich: Patch, *Brüning* (wie Anm. 26). Auch er fand keine Belege dafür, daß Brüning als Kanzler die Wiedereinführung der Monarchie aktiv anstrebte (S. 6–9).

28 Winkler, *Weimar* (wie Anm. 4), S. 433–434. Vgl. auch S. 605, 610.

29 Brüning, *Memoiren* (wie Anm. 26), S. 17.

30 Feldman, *Der 30. Januar 1933* (wie Anm. 24), S. 269f.

im Krieg berichtete Brüning über die Frühphase: »Verwundete und Kranke konnten die Heilung nicht abwarten, um wieder zu ihren alten Argonnenregimentern zurückzukehren. So kehrte auch ich aus meinem zweiten Lazarettaufenthalt vorzeitig [...] zurück, erhielt aber nicht die Erlaubnis, ins Feld zu gehen.«[31] Über eine dreitägige Ruhephase Ende August 1918 »in der einsamen, schönen Landschaft von Solente« vermerkte Brüning: »Jetzt, unter dem Eindruck des Gegensatzes zwischen dieser Landschaft und unseren Erlebnissen, bemächtigte sich unser, im Gegensatz zu der Fröhlichkeit früherer Ruhezeiten, eine ernste Stimmung. [...] Am dritten Tag sagte einer zum andern: ›Wenn wir nur wieder an der Front wären!‹«[32] Brüning hatte sich zum Kriegsdienst freiwillig gemeldet und war zum Kommandeur einer Maschinengewehrkompanie avanciert, »einer Schöpfung Ludendorffs, in Tiefenstaffelung zwischen der Infanterie und schwere Artillerie feindliche Durchbrüche um jeden Preis aufzuhalten – wie die Befehle lauteten, ›bis zum letzten Mann‹«[33]. Solche MGSS-Abteilungen, man könte sagen: Himmelfahrtskommandos, »wurden von einem Großkampfschauplatz auf den anderen geworfen« und hatten »mit dem eigenen Feuer zu warten, bis die Infanterie hinter uns zurückgewichen war. Die Mannschaften waren überwiegend junge hochqualifizierte Metallarbeiter, zum großen Teil aus Berlin. Sie waren Mitglieder der sozialistischen Gewerkschaften [...]. Weder früher noch später in meinem Leben habe ich etwas Gleiches an gegenseitigem Vertrauen, unabhängiger Gesinnung, Anpassungsfähigkeit, Humor und Selbstaufopferung erlebt.«[34] Demgegenüber schilderte Brüning seinen ersten Eindruck vom republikanischen Berlin,

---

31   Brüning, *Memoiren* (wie Anm. 26), S. 17.
32   Ebda., S. 21.
33   Ebda., S. 17.
34   Ebda., S. 18.

wo er im März 1919 ankam, folgendermaßen: »Das Bild eines völligen moralischen Chaos erlebte ich am zweiten Abend nach meiner Ankunft, als mich Freunde in den Wintergarten [ein noch heute existierendes Varietétheater] führten, um mir einen Einblick in das ›internationale‹ Berlin zu geben. Der Abschaum aller europäischen Nationen schien sich zusammengefunden zu haben. Hoffnungslosigkeit überkam mich zum ersten Mal.«[35]

Die gesellschaftliche Konfliktintensität und Zerrissenheit der kaiserlosen Weimarer Republik, trotz und wegen der wesentlich geringeren Einkommensungleichheit als im Kaiserreich, muß vor dem Hintergrund der angedeuteten prägenden Erfahrungen, Wahrnehmungen und Wertorientierungen im Krieg für Brüning und seinesgleichen ein Symptom von Dekadenz gewesen sein, zu deren Überwindung er sich gerade als Kanzler berufen fühl-

---

35 Ebda., S. 44. Stephen A. Schuker konstatierte kürzlich ein erschreckendes Persönlichkeitsbild Brünings im amerikanischen Exil auf der Basis dortiger Quellen. Brüning habe nicht nur schon während seiner Amtszeit als Reichskanzler unter einer Art Verfolgungswahn gelitten, sondern er sei auch in Harvard ein gesellschaftlich isolierter und am Ende des Krieges schwer gestörter und frustrierter Mensch gewesen. In einem Interview mit Washingtoner Regierungsbeamten im September 1945 habe Brüning den Eindruck eines Erzreaktionärs hinterlassen. Er habe nichts von der amerikanischen Demokratie gehalten, statt dessen viel von einer Monarchie in Deutschland mit einer starken Rolle für das Militär. Er habe sich vehement gegen die Nürnberger Prozesse ausgesprochen und Stalin, nicht Hitler, für den größten Kriegsverbrecher gehalten. Er sei zwar gegen die Nationalsozialisten gewesen, habe aber die außenpolitischen Ziele der nationalsozialistischen Regierung geteilt. Deutschland habe einen Verteidigungskrieg geführt und sei z. B. den Polen und Franzosen nur präventiv zuvorgekommen. Es habe tatsächlich mehr Lebensraum gebraucht. Die Interviewer nahmen den Eindruck mit, daß zwar nicht die Verfolgungen aus rassistischen und religiösen Gründen, der Zweite Weltkrieg aber auch dann passiert wäre, wenn Brüning Reichskanzler geblieben wäre. S. A. Schuker, Ambivalent Exile: Heinrich Brüning and America's Good War, in: Christoph Buchheim/Michael Hutter/Harold James (Hgg.), *Zerrissene Zwischenkriegszeit. Wirtschaftshistorische Beiträge.* Knut Borchardt zum 65. Geburtstag, Baden-Baden 1994, S. 329–356.

te.[36] Sein Bemühen um ein Ermächtigungsgesetz und sein früher Rückgriff auf die autoritäre antiparlamentarische »Reserveverfassung« der Weimarer Republik, d. h. Regieren per Notverordnung des Reichspräsidenten als »Ersatzgesetzgeber« unter Ausschaltung des Parlaments,[37] also faktisch das Ende des Parlamentssystems der Weimarer Republik schon vor der NS-Machtergreifung, dürften aus den geschilderten Charakterprägungen zu verstehen sein, ebenso wie seine kompromißlose Politik des »Alles oder Nichts« in der Reparationsfrage, obwohl Deutschland am wirtschaftlichen, finanziellen und politischen Abgrund stand.[38] Das gleiche gilt für das Maß an »Selbstaufopferung«, das er der deutschen Bevölkerung zumutete, als er gemeinsam mit der Reichsbank die deutsche Wirtschaft mit unbeirrbarer Entschlossenheit über Jahre durch den Wolf der Deflation drehte, um sein großes außenpolitisches Ziel, das

---

36 Zur prägenden Kraft des Weltkriegserlebnisses für die Rechte in Deutschland Kurt Sontheimer, *Antidemokratisches Denken* (wie Anm. 19), S. 301. Sie veranlaßte Brüning, sein Kabinett als »Kabinett der Kriegsteilnehmer« vorzustellen. Bernd Sösemann, *Das Ende der Weimarer Republik in der Kritik demokratischer Publizisten,* Berlin 1976, S. 69, erwähnt die »Beschwörung eines ›Frontkämpfertums‹«, die Brüning anstelle politischer Überzeugungsarbeit in der Öffentlichkeit praktiziert habe. Wie sich aufgrund des Weltkriegserlebnisses die »kalte persona« als Menschentyp der Weimarer Republik, die Grundlage der »Neuen Sachlichkeit« im kulturellen Schaffen, herausgebildet hatte, woraus ein fruchtbarer Nährboden für den Nationalsozialismus entstand, zeigt Helmut Lehnen, *Verhaltenslehren der Kälte. Lebensversuche zwischen den Kriegen,* Frankfurt a. M. 1994. Er weist auf die Folge einer »Abschirmung der Wahrnehmung gegen Einmischungen des moralischen Urteils« hin (S. 187). Gleichzeitig gewann die Unterscheidungsfähigkeit »ihre grausame ›Schärfe‹: so lernt man den ›Arbeiteraristokraten‹ vom ›Proletarier‹, den ›Lumpenproleten‹ vom ›Sozialdemokraten‹, den ›Trotzkisten‹ vom ›Sozialfaschisten‹, den ›Angestellten‹ vom ›Bourgeois‹, den ›Juden‹ vom ›Arier‹, den ›Freund‹ vom ›Feind‹ an Physiognomie und Verhalten unterscheiden.« (S. 196).

37 Die Begriffe verwendet: Winkler, *Weimar* (wie Anm. 4), S. 604 und 614.

38 Ebda., S. 405, 411 und 438.

Ende der Reparationen und anderer Beschränkungen des Versailler Vertrages zu erreichen und dabei innenpolitisch auch den Sozialstaat zu stutzen.[39]

Einen Mangel an Mut und Ausdauer wird man Brüning im politischen Kampf ebensowenig nachsagen können wie im Krieg. Aber seine Verachtung des Materialismus hat ihn, selbst ein Asket, stumpf gemacht für die Erwartung von Wirtschaftsbürgern, Konsumenten und Arbeitnehmern in einer Demokratie und Marktwirtschaft, ihre Ansprüche an das Sozialprodukt und ihre Hoffnungen auf steigenden Lebensstandard zu verwirklichen. Dadurch ging ihm das Vertrauen der Mehrheit der politischen Kräfte und der Öffentlichkeit verloren.[40] Die gesellschaftlich befriedende und politisch stabilisierende Kraft des »Wohlstand[s] für Alle«, um einen Buchtitel von Ludwig Erhard zu bemühen, die für die Festigung der Demokratie der Bundesrepublik von kaum zu überschätzender Bedeutung war, ist in der Weimarer Republik von Anfang bis Ende nicht voll erkannt worden. Demgegenüber setzten die Nationalsozialisten, besonders in der Anfangsphase und im Krieg, alles daran, die Stabilisierung ihres Regimes auch durch »Lohn und Brot für Alle« zu erreichen, erfolgreich, wie man weiß. In ihrer Propaganda hatten sie Brünings vier »Notverordnungen zur Sicherung von Wirtschaft und Finanzen« treffend als »Verordnungen zur Abkurbelung von Wirtschaft und Finanzen« bezeichnet, wohl

---

39 So auch Hans Mommsen, Heinrich Brünings Politik als Reichskanzler: Das Scheitern eines politischen Alleingangs, in: Karl Holl (Hg.), *Wirtschaftskrise und liberale Demokratie. Das Ende der Weimarer Republik und die gegenwärtige Situation,* Göttingen 1978, S. 26: »Für die Politikergeneration, der Brüning angehörte, waren die Erfahrungen des Ersten Weltkriegs und der militärischen Niederlage des Kaiserreiches von prägender Bedeutung, und in ihnen verschmolzen die innenpolitische und außenpolitische Vorstellungswelt zu einem untrennbaren Syndrom.«

40 Vgl. Sösemann, *Ende der Weimarer Republik* (wie Anm. 36), bes. S. 119.

wissend, welche Sorgen die Wähler am meisten drückten.[41] Es ist für eine Demokratie fatal, wenn die Sensibilitäten der Wähler von antidemokratischen Parteien besser erkannt und bedient werden als von den demokratischen und die wirtschaftpoliti-

---

41 »Vierte Verordnung zur Abkurbelung von Wirtschaft und Finanzen. Vom 8. Dezember 1931«, in: *Wirtschaftlicher Beobachter,* 8. Jg. (1931), S. 413–420. Diese Ansicht vertrat auch die SPD in dem Artikel »Wirtschaftspolitische Generalbemerkung«, in ihrem Zentralorgan *Vorwärts* vom 10. Dezember 1931. Dort wird ausgeführt: »Was die Notverordnung bewirken muß, nachdem mehr Kaufkraft genommen als gegeben wird, ist eine Verschärfung der Ursachen, die die Wirtschaft jetzt lahmlegen.« Es sei der Schluß gerechtfertigt, »daß die wirtschaftlichen Maßnahmen der Notverordnung in ihrer Gesamtheit eine erneute Schmälerung der Beschäftigungsmöglichkeiten, also keine Arbeitsbeschaffung, sondern eher eine Arbeitsabschaffung zur Folge haben müssen.« Trotzdem werde die SPD im Reichstag gegen den NSDAP-Antrag auf Außerkraftsetzung dieser Notverordnung und somit für diese Maßnahme stimmen, sagte der *Wirtschaftliche Beobachter* voraus und begründete dies mit einem Auszug aus einem Einleitungsartikel zur Notverordnung im *Vorwärts* vom 9. Dezember 1931. Dort heißt es: »Auf der anderen Seite kann ebensowenig ein Zweifel daran sein, daß der jetzt angesagte Kampf der Regierung Brüning gegen die Nationalsozialisten sehr schnell zu Ende sein wird, wenn eine Mehrheit des Reichstags die Aufhebung der Verordnung verlangt und damit entweder den Sturz der Regierung oder die Auflösung des Reichstags oder beides zugleich herbeiführt. Der Kampf gegen den Nationalsozialismus würde dann unter gänzlich geänderten Umständen geführt werden müssen.« *Wirtschaftlicher Beobachter* (wie oben), S. 416–417. In der Hoffnung auf eine Rückkehr zum Parlamentssystem der Weimarer Verfassung nach der Überwindung der Wirtschafts- und Staatskrise unterstütze die SPD die »kommissarische« Präsidialdiktatur der Brüning-Regierung; gegenüber dem Nationalsozialismus sei Brüning mit seiner Notverordnungspolitik das kleinere Übel. Auch der Staatstheoretiker der SPD Ernst Fraenkel, der damals noch die Theorie der »dialektischen« Demokratie als Übergangsstadium zum Sozialismus (Herrschaft der Arbeiterklasse und Abschaffung des Privateigentums an den Produktionsmitteln) und erst nach seiner Emigration in die USA die Theorie des Pluralismus, d. h. Demokratie mit andauernden Interessengegensätzen, vertrat, war dieser Überzeugung. Joachim Blau, *Sozialdemokratische Staatslehre in der Weimarer Republik. Darstellung und Untersuchung der staatstheoretischen Konzeptionen von Herrmann Heller, Ernst Fraenkel und Otto Kirchheimer,* Marburg 1980, S. 242–247.

schen Rezepte der Erstgenannten mehr Erfolg versprechen als die der Letzteren. Freilich erreichte das »tausendjährige Reich« mit seinen zwölf Jahren nicht einmal das Alter der Weimarer Republik mit immerhin vierzehn Jahren. Es überzog seine Konjunkturankurbelungspolitik, und zwar zum Zwecke von Rüstung und Krieg mit dem bekannten Ende.

Beiden Perioden der deutschen Geschichte zwischen dem Ende des Ersten und dem Ende des Zweiten Weltkrieges war der Primat der Außenpolitik gemeinsam. Was den Versailler Vertrag anging, so gab es sogar eine ausgeprägte Kontinuität an revisionistischen Zielsetzungen. Die Innenpolitik wurde jeweils instrumentalisiert. So praktizierte die Wirtschaftspolitik mal Inflation und Hyperinflation, um Unfähigkeit zu Reparationszahlungen zu demonstrieren, dann Stabilität, um Auslandskapital an der deutschen Reparationsschuld zu beteiligen,[42] dann Deflation, um 1932 das Ende der Reparationen zu erreichen, schließlich Arbeitsbeschaffungspolitik, um die »Volksgemeinschaft« ruhigzustellen und einzustimmen auf eine inflationäre Rüstungskonjunktur zur Vorbereitung des Zweiten Weltkriegs.

Meines Erachtens hatte die Weimarer Republik vor allem deshalb langfristig keine Überlebenschance, weil ihr eine notwendige Bedingung jeder Demokratie in der politischen Praxis fehlte: der Primat der Innenpolitik.[43] Dieser Strukturfehler der

---

42 1925 hatte Außenminister Gustav Stresemann erklärt: »Man kann auch stark sein als Schuldner; man muß nur genug Schulden haben, [...] man muß so viel Schulden haben, daß der Gläubiger seine eigene Existenz gefährdet sieht, wenn der Schuldner zusammenbricht. [...] Diese wirtschaftlichen Dinge schaffen Brücken politischen Verständnisses und künftiger politischer Unterstützung.« Zit. n. Schulz, *Von Brüning zu Hitler* (wie Anm. 1), S. 325.

43 Für Brüning hat dies auch festgestellt: Mommsen, Heinrich Brünings Politik (wie Anm. 39), S. 30: Er spricht von der »Taktik Brünings, sich auf den Primat der äußeren Politik zu berufen und damit die Passivität der Regierung gegenüber der Massenarbeitslosigkeit und der zunehmenden Radikalisierung im Innern zu rechtfertigen«.

Republik steigerte sich zur äußersten Aggression im National-sozialismus, übrigens nicht nur im Krieg nach außen, sondern im Rassismus nach außen und nach innen. Wir wissen, daß Demokratien selten Kriege gegeneinander führen (Ernst-Otto Czempiel). Sie sind weniger aggressiv als autoritäre oder totalitäre Regime. Gerade deshalb ist die Forderung nach Demokratisierung ein essentieller Bestandteil der weltweiten Friedenspolitik. Woodrow Wilsons 14-Punkte-Programm für den Waffenstillstand wollte durch die Schaffung einer demokratisch verfaßten Republik in Deutschland auch die aggressive Suche des säbelrasselnden wilhelminischen Reichs nach einem »Platz an der Sonne« überwinden. Formal ist dies mit der Verabschiedung der Weimarer Verfassung gelungen. Aber der Primat der Außenpolitik, den Leopold von Ranke im 19. Jahrhundert gefordert und dem die deutsche Historikerzunft, abgesehen von einigen rühmlichen Ausnahmen wie Eckart Kehr, in ihren Werken verhaftet blieb,[44] war auch in den Köpfen der politischen Verantwortungsträger der Weimarer Republik, z. T. auch wegen der Härte des Versailler Vertrages, so tief verwurzelt, daß erst die totale Niederlage im Zweiten Weltkrieg und die Besatzungspolitik der Alliierten die Wende zum Primat der Innenpolitik herbeiführten, auf der die politische Stabilität der Bundesrepublik nunmehr fünfzig Jahre lang geruht hat.

Ein anderes kam hinzu. Die politischen Überzeugungen des »Ersatzgesetzgebers«, des Reichspräsidenten Hindenburg, der sich zwar an den Wortlaut der Verfassung hielt, ihren Geist zu verteidigen aber nicht bereit war, orientierten sich nicht an den vielen Millionen sozialdemokratischer und katholischer Wähler, sondern waren geprägt von dem Milieu, »dem er entstammte und auf das er hörte«: dem Milieu der ostelbischen Ritterguts-

---

44 Gay, *Republik der Außenseiter* (wie Anm. 13), S. 50–52, 123.

besitzer, denen er auch durch das seiner Familie geschenkte Gut Neudeck verbunden war. Diese Gruppe hat nach der Einschätzung von Winkler früher, aktiver und erfolgreicher an der Zerstörung der Weimarer Demokratie gearbeitet als die anderen Machteliten. Die wirtschaftlich schwachen ostelbischen Junker verfügten am Ende der Republik – in der entscheidenden Phase von der Ausschaltung des Parlaments bis zur Kanzlerschaft Hitlers – über mehr politischen Einfluß als die ungleich mächtigere Großindustrie. »In keiner anderen hochindustriellen Gesellschaft hatte sich eine vorindustrielle Elite soviel politische Macht bewahren können wie die Junker im Deutschland der Weimarer Republik«, resümiert Winkler. Auch dies änderte sich grundlegend nach 1945. Durch den Verlust der Gebiete jenseits von Oder und Neiße und durch die »Bodenreform« in der SBZ – die Enteignung, die nach dem Ersten Weltkrieg nicht stattgefunden hatte – »hörte eine alte Machtelite, die besonders aktiv gegen Weimar gekämpft hatte, das ostelbische Junkertum, zu bestehen auf.«[45] Ich habe schon mehrmals die These vertreten, daß aus diesem Grund und wegen der geringeren Anfälligkeit der Katholiken für die NSDAP, wie die historische Wahlforschung übereinstimmend zeigt, die »Machtergreifung« 1933 jedenfalls auf dem Gebiet der alten Bundesrepublik allein wahrscheinlich nicht stattgefunden hätte. Zur Stabilität der parlamentarischen Demokratie in der alten und neuen Bundesrepublik hat insofern auch die Nachkriegspolitik des sozialistischen Lagers beigetragen.

---

45 Winkler, *Weimar* (wie Anm. 4), S. 614, zum vorigen S. 607.

II.

Nun zu den ökonomischen Problemen aus heutiger Sicht. Noch gilt es bei der Mehrzahl der heutigen Wirtschaftswissenschaftler als modern, ökonomische Probleme, insbesondere das Hauptproblem der heutigen Zeit: die hohe Arbeitslosigkeit, aus angebotsorientierter Sicht zu betrachten. Das Arbeitslosenproblem ist demnach die Folge überdimensionierter Kosten: zu hoher Löhne, zu hoher Sozialabgaben, zu hoher Steuern und Staatsausgaben, zu hoher Regulierungsdichte, zu geringer Flexibilität der Arbeitsmärkte etc. In der heutigen globalisierten Weltwirtschaft liegt hier tatsächlich ein wesentliches Problem der deutschen Wirtschaft. Aber dies ist die mikroökonomische Unternehmerperspektive, die das Unternehmerlager auch in der Weimarer Republik einnahm. Auf solche Kostenfaktoren führte es damals die zu geringen Investionen und die Arbeitslosigkeit zurück und nahm dies zum Anlaß, den Weimarer Staat als Hauptverantwortlichen dafür anzugreifen, wegen der gesetzlich vorgeschriebenen Zwangsschlichtung auch für das Lohnniveau. Einen Höhepunkt erreichten diese Angriffe in der im Dezember 1929 veröffentlichten Denkschrift des Präsidiums des Reichsverbands der Deutschen Industrie mit dem Titel »Aufstieg oder Niedergang? Deutsche Wirtschafts- und Finanzreform 1929«.[46]

Aber es ist sozusagen definitorisch so, daß in Wirtschaftskrisen die Kosten eines Unternehmens im Vergleich zu seinen Erträgen immer zu hoch erscheinen. Das ist nun einmal das Hauptsymptom einer Wirtschaftskrise. Allein von der Kostenseite her läßt sich eine Wirtschaftskrise aber nicht überwinden. Das zeigt besonders deutlich der Verlauf der Weltwirtschafts-

---

46 *Veröffentlichungen des Reichsverbandes der Deutschen Industrie* Nr. 49, Berlin 1929. Zustimmend: Knut Borchardt, *Zwangslagen und Handlungsspielräume* (wie Anm. 3), S. 181 mit Anmerkung 82 (S. 283).

krise in den USA, die von 1929 bis zum Beginn des Zweiten Weltkrieges dauerte. In den USA wurde die Krise weder durch zu hohe Löhne, Steuern, Sozialabgaben, Regulierungen etc. ausgelöst, noch konnte sie durch sinkende Löhne, im Vergleich zu heute extrem niedrige Steuersätze, bis 1936 nicht existierende, danach niedrige Sozialabgaben, äußerst geringe Regulierungsdichte und extrem hohe Arbeitsmarktflexibilität überwunden werden. Erst der durch den Zweiten Weltkrieg ausgelöste Nachfragestoß der Rüstungskonjunktur führte die amerikanische Wirtschaft wieder aus der Weltwirtschaftskrise heraus. Auch die angebotsorientierten Maßnahmen der Kohl-Regierung in den neunziger Jahren (z. B. das »Programm für mehr Wachstum und Beschäftigung« vom Frühjahr 1996) und die Lohnzurückhaltung der Gewerkschaften in den letzten Jahren haben nichts gebracht, was die angekündigte Halbierung der Arbeitslosenquote bis zum Jahr 2000 angeht. Im Gegenteil, das Problem ist größer geworden. In der Weimarer Republik waren die Belastungen der Wirtschaft mit Steuern, Sozialabgaben, Regulierungen etc. im Vergleich zu heute so niedrig, daß unsere Unternehmer bei ihren Forderungen nach Kostenentlastung von solchen Zielgrößen nicht einmal träumen würden. Und trotz der Gehalts- und Lohnsenkungen und des Sozialabbaus in der Weltwirtschaftskrise verschlimmerten sich die Arbeitslosigkeit und die Wirtschaftslage allgemein drastisch. Nur wer die Augen vor diesen wirtschaftshistorischen Erfahrungen verschließt, kann sich von ausschließlich angebotsorientierten Rezepten eine Besserung der Wirtschaftslage versprechen.

Ich gehöre zu der Minderheit unter den heutigen Wirtschaftswissenschaftlern, die mehr auf eine makroökonomische Diagnose und Therapie volkswirtschaftlicher Probleme setzen.[47]

---

47 Carl-Ludwig Holtfrerich, Wirtschaftspolitik in der Krise: Zurück zur Makroökonomie! In: *Wirtschaftsdienst,* 76. Jg. (1996), S. 513–518.

Die Makroökonomie wurde bekanntlich als Reaktion auf die Große Krise und zu deren Überwindung besonders von John Maynard Keynes entwickelt. Daß sich Wirtschaftspolitiker in aller Welt, auch in Deutschland schon seit den fünfziger Jahren,[48] bis in die siebziger Jahre in der praktischen Politik an makroökonomischen Kategorien orientierten, hat maßgeblich zu dem spektakulären Wirtschaftswachstum und der Vollbeschäftigung der fünfziger und sechziger Jahre beigetragen.[49]

Makroökonomisch gesehen stehen drei Politikbereiche im Vordergrund: die Geldpolitik, die Fiskalpolitik und die Lohnpolitik. Wenn heute über ein Bündnis für Arbeit geredet wird, müßten diese drei Politikbereiche aufeinander abgestimmt werden, wie es in der »konzertierten Aktion« unter Karl Schiller zur Überwindung der (im Vergleich zu heute) »Minikrise« von 1967 geschehen ist. Aber was die Geldpolitik angeht, so hat sich die Bundesbank, solange sie noch geldpolitische Kompetenz besaß, einer Teilnahme verschlossen; die EZB wird man nicht mehr an den Kanzlertisch bitten können. Und solange sich die Gewerkschaften ihrerseits weigern, ihre Lohnpolitik zum Gegenstand von Bündnisgesprächen zu machen, kann meines Erachtens die Bündnisrunde wenig erreichen.

Die Lohnpolitik hat sich in der Bundesrepublik generell an den konjunkturellen Spielräumen orientiert. Richtschnur waren dabei die Produktivitätsentwicklung und die erwartete Inflationsrate. Exzesse hat es in Phasen gegeben, in denen die Kon-

---

48   Helge Berger, *Konjunkturpolitik im Wirtschaftswunder. Handlungsspielräume und Verhaltensmuster von Bundesbank und Regierung in den 1950er Jahren,* Tübingen 1997.

49   Zu den Wirtschaftswundern in europäischen Ländern vgl. Ludger Lindlar, *Das mißverstandene Wirtschaftswunder. Westdeutschland und die westeuropäische Nachkriegsprosperität,* Tübingen 1997. Zum weltweit relativ hohen Wirtschaftswachstum bis 1973: Angus Maddison, *Dynamic Forces in Capitalist Development. A Long-Run Comparative View,* Oxford/New York 1991.

junktur überschäumte, vor allem zu Anfang der siebziger Jahre und im Wiedervereinigungsboom der frühen neunziger Jahre. In Jahren schwacher Konjunktur war die gewerkschaftliche Lohnpolitik in der Bundesrepublik von einer erstaunlichen Zurückhaltung geprägt, z. B. in der Rezession von 1967 und in den letzten Jahren. Tendenziell gilt diese Aussage auch für die Weimarer Republik. Während der großen Inflation bis 1923 hatten die Gewerkschaften Mühe, die Tariflöhne an die Preissteigerungen anzupassen. Die Reallöhne blieben niedrig. Exzessive, d. h. über das Wachstum der Produktivität stark hinausgehende Lohnsteigerungen gab es nach der Inflation nur im Jahr 1928, als der konjunkturelle Aufschwung nach der Krise von 1926 schon auslief. In der Weltwirtschaftskrise danach fielen die Bruttostundenlöhne von 1929 bis 1932 um rund ein Viertel. Die Reallöhne, die zuvor gestiegen waren, stagnierten von 1929 bis 1931 und fielen 1932 um etwa 5 Prozent.[50] Zusammenfassend läßt sich sagen: Die Lohnpolitik der zwanziger Jahre und die durch Notverordnungen durchgesetzten Gehalts- und Lohnsenkungen während der Weltwirtschaftskrise waren – ebensowenig wie in der Wirtschaftsgeschichte der Bundesrepublik – nicht der hauptverantwortliche Politikbereich, aus dem sich die Phasen von Inflation bis 1923 mit Vollbeschäftigung, Stabilität 1924–1929 mit Unterbeschäftigung und Deflation 1930–1932 mit extrem ansteigender Arbeitslosigkeit makroökonomisch erklären ließen. Statt dessen haben zeitgenössische Wirtschaftswissenschaftler – darunter Joseph A. Schumpeter, Adolph Löwe, Emil Lederer und Moritz Julius Bonn – darauf hingewiesen, daß der

---

50 Vgl. Carl-Ludwig Holtfrerich, Zu hohe Löhne in der Weimarer Republik? (wie Anm. 3), S. 131. Eine Gegenposition vertritt: Albrecht Ritschl, Zu hohe Löhne in der Weimarer Republik? Eine Auseinandersetzung mit Holtfrerichs Berechnungen zur Lohnposition der Arbeiterschaft 1925–1932, in: *Geschichte und Gesellschaft* 16 (1990), S. 375–402.

Mangel an Wettbewerb wegen der Kartellierung der deutschen Wirtschaft die Arbeitslosigkeit mitverursacht hat.[51] Schumpeter schrieb in seinem Aufsatz »Die Arbeitslosigkeit« in Band 1 der Zeitschrift »Der deutsche Volkswirt« im Jahre 1926/27: »Auch gestattet die tatsächliche Lohnhöhe in Deutschland die Vermutung, daß die Gewerkschaftspolitik bei uns im Gegensatz zu England und Nordeuropa recht wenig von der tatsächlichen Arbeitslosigkeit erklärt [...] in unserer Volkswirtschaft, die sich vielmehr fortschreitend vertrustet. Wenn die Unternehmer, sei es verabredet, sei es auch nur tatsächlich, geschlossen vorgehen, statt miteinander zu konkurrieren, dann fehlt der Zwang, die Produktion bis zu dem Punkt auszudehnen, an welchem die gesamte Arbeiterschaft beschäftigt wäre. Vielmehr ergibt sich dann die Möglichkeit, durch Einschränkung der Produktion auf eine geringere Menge monopolähnliche Gewinne zu machen [...]. Die Folge kann sehr wohl dauernde Arbeitslosigkeit eines Teils der Arbeiterschaft sein.«[52] Es wäre sinnvoll, den Gehalt dieser Erklärung auch für die heutige Arbeitslosigkeit zu prüfen, zumal dieser Ansatz in der bisherigen öffentlichen und wissenschaftlichen Diskussion über die Ursachen der Arbeitslosigkeit nicht thematisiert worden ist.

Deshalb richten wir den Blick nun auf die Geld- und Fiskalpolitik. Es gehört zum Lehrbuchwissen, daß es hierbei auf den richtigen *Policy-Mix* ankommt, um Preisstabilität, Vollbeschäftigung, angemessenes Wirtschaftswachstum und in der offenen Volkswirtschaft zusätzlich das außenwirtschaftliche Gleichge-

---

51 Eine Zusammenfassung der zeitgenössischen Diskussion darüber bietet Heinrich August Winkler, *Der Weg in die Katastrophe. Arbeiter und Arbeiterbewegung in der Weimarer Republik 1930 bis 1933,* Berlin 1987, S. 34–41 und 730f.

52 Joseph A. Schumpeter, *Aufsätze zur Wirtschaftspolitik,* hg. v. Wolfgang F. Stolper und Christian Seidl, Tübingen 1985, S. 156.

wicht zu sichern, d. h. die wirtschaftspolitischen Ziele des sogenannten magischen Vierecks, die im noch immer gültigen Sta-
bilitätsgesetz von 1967 für alle öffentlichen Körperschaften,
auch die Bundesbank, als verbindlich festgeschrieben sind. Vier
Konstellationen des *Policy-Mix* sind denkbar:

1.) Expansive Geldpolitik und expansive Fiskalpolitik. Diese
Konstellation führt kurzfristig zwar zur Vollbeschäftigung, aber
auch zur Inflation. Sie war die Ursache der Kriegs- und Nach-
kriegsinflation bis 1923.

2.) Restriktive Geldpolitik und restriktive Fiskalpolitik. Dieser *Policy-Mix* dämpft die Wirtschaftsaktivität und steigert die
Arbeitslosigkeit. Er war charakteristisch für die Periode der
Weltwirtschaftskrise mit ihrem drastischen Preisverfall. Die
Zentralbankgeldmenge schrumpfte von April 1929 bis zum
Frühjahr 1933, mit Ausnahme der zweiten Jahreshälfte 1931,
relativ kontinuierlich um insgesamt etwa 15 Prozent. Der Rück-
gang der Geldmenge im Sinne von M2 (Bargeldumlauf + Sicht-
guthaben der Nichtbanken + Terminguthaben) belief sich in
derselben Periode auf das Doppelte, nämlich auf knapp 31 Prozent.[53] Gleichzeitig strebte die Brüning-Regierung in einem
fatalen Wettlauf zwischen Steuererhöhungen und Staatsausga-
benkürzungen einerseits und sinkendem Sozialprodukt und damit schrumpfender Steuerbasis andererseits an, den defizitären
Reichshaushalt auszugleichen.

Mit Preisstabilität grundsätzlich vereinbar sind demgegenüber die beiden folgenden Alternativen, freilich jeweils im ange-
messenen Umfang:

3.) Restriktive Geldpolitik und expansive Fiskalpolitik.

4.) Expansive Geldpolitik und restriktive Fiskalpolitik.

---

53   Richard Tilly/Norbert Huck, Die deutsche Wirtschaft in der Krise, 1925
bis 1934. Ein makroökonomischer Ansatz, in: Buchheim/Hutter/James (Hgg.),
Zerrissene Zwischenkriegszeit (wie Anm. 35), S. 77, 82.

Die Wirtschaftspolitik in den besseren Jahren der Weimarer Republik 1924–1929 läßt sich am besten der dritten Variante zuordnen. Die öffentlichen Haushalte waren überwiegend im Defizit; das Schuldenmachen aller Gebietskörperschaften, auch auf dem amerikanischen Kapitalmarkt, ist hinlänglich bekannt.[54] Die Geldpolitik der Reichsbank unter Hjalmar Schacht war gleichzeitig sehr restriktiv; das Zinsniveau war deshalb im Durchschnitt ungefähr doppelt so hoch wie in der Vorkriegszeit sowie in den USA in den zwanziger Jahren und höher als in der Bundesrepublik in den fünfziger und sechziger Jahren.[55] Schacht wollte damit unter anderem die neue deutsche Währung und die Goldbindung der Reichsmark, die 1924 entsprechend dem Dawesplan eingeführt worden war, verteidigen. Die Folge war, daß die Investitionsquote der deutschen Wirtschaft in jenen Jahren relativ niedrig blieb und mit Ausnahme einer kurzen Periode im Sommer 1925 die Vollbeschäftigung nie erreicht wurde.

Hätte ein *Policy-Mix* entsprechend der vierten Variante, also expansive Geldpolitik und restriktive Fiskalpolitik, eine bessere Wirtschaftsentwicklung ermöglicht? Diese Konstellation war charakteristisch für die Wirtschaftswunderzeit in der Bundesrepublik in den fünfziger und sechziger Jahren. Die Geldpolitik war äußerst expansiv. Die Geldmenge M3, d. h. der Bargeldumlauf, die Sicht-, Spar- und Termineinlagen, wuchs im Anschluß an den Koreaboom 1952–1959 um durchschnittlich 15,5 Prozent p. a., während die Inflationsrate im Durchschnitt nur bei rund 1 Prozent p. a. lag. Auch in den sechziger Jahren war das

---

54   William C. McNeil, *American Money and the Weimar Republic. Economics and Politics on the Eve of the Great Depression,* New York 1986.
55   Zu den Ursachen und Wirkungen dieses Phänomens vgl. die zeitgenössischen Beiträge in: Karl Diehl u.a. (Hg.), *Wirkungen und Ursachen des hohen Zinsfußes in Deutschland,* Jena 1932; Erich Welter, *Die Ursachen des Kapitalmangels in Deutschland,* Tübingen 1931.

Geldmengenwachstum M3 mit durchschnittlich 11,7 Prozent p. a. noch immer relativ hoch.[56] Die Inflationsrate blieb gleichzeitig mit 2,5 Prozent im jährlichen Durchschnitt relativ niedrig. Die Geldmengenexpansion ging vor allem in die Ausweitung der Produktionstätigkeit, was die Verantwortlichen für die Geldpolitik damals als »Mengenkonjunktur« bezeichneten und anstrebten. Der Realzins lag – mit Ausnahme des Rezessionsjahres 1967 – immer unterhalb der Wachstumsrate der Wirtschaft, was eine Wirtschaft überproportional expandieren läßt, d. h. die Beschäftigung entsprechend steigert; denn im langfristigen Gleichgewicht stimmen der Realzins und die Wachstumsrate der Wirtschaft überein.[57] Im letzten Vierteljahrhundert seit 1974 war es tendenziell umgekehrt. Der Realzins lag über der Wachtumsrate der Wirtschaft mit entsprechend dämpfender Wirkung auf die Beschäftigung. Das war auch in der Weimarer Republik nach 1923 so, erst recht in der Großen Depression mit ihrem tiefen Einbruch beim Wirtschaftswachstum und der Beschäftigung.[58]

Wäre in den fünfziger und sechziger Jahren eine Geldmengenpolitik nach heutigem Strickmuster mit Zielkorridoren von

---

56   Errechnet aus den Tabellen in: Carl-Ludwig Holtfrerich, Geldpolitik bei festen Wechselkursen (1948–1970), in: Deutsche Bundesbank (Hg.), *Fünfzig Jahre Deutsche Mark. Notenbank und Währung in Deutschland seit 1948,* München 1998, S. 350 und 352.

57   Zu dieser Thematik neuerdings: Carl-Ludwig Holtfrerich, Economic Policy Targeting, Policy Mix and (Un-)Employment, in: Wolfgang Filc/Claus Köhler (Hgg.), *Macroeconomic Causes of Unemployment: Diagnosis and Policy Recommendations,* Berlin 1999, S. 365–378.

58   Auf die verteilungspolitischen Folgen einer solchen Entwicklung für das Arbeitseinkommen und für die beiden Komponenten des Kapitaleinkommens, nämlich Einkommen aus Unternehmertätigkeit einerseits und aus Vermögen andererseits, gehe ich noch am Ende meines Beitrags ein. Aber sie liegen sowohl theoretisch als auch empirisch auf der Hand.

etwa 4 bis 6 Prozent betrieben worden, hätte das »Wirtschaftswunder« kaum stattfinden können. Es ist insofern als ein
Glücksfall der Geschichte anzusehen, daß der Bundesbank
damals für eine solche Politik durch die Bindung der D-Mark an
das Festkurssystem von Bretton Woods die Hände gebunden
waren und die Devisenzuströme für eine reichliche Geldversor-
gung der Wirtschaft der Bundesrepublik sorgten.

Daß die ökonomischen Probleme der Weimarer Wirtschaft
sehr stark vom Zinsniveau verursacht waren, gehört meines
Erachtens zu den in der Forschung vernachlässigten Einflußfak-
toren der damaligen Wirtschaftsentwicklung. Ich habe darauf an
anderer Stelle bereits ausführlicher hingewiesen.[59] Schumpeter
und andere zeitgenössische Wirtschaftswissenschaftler hielten
nicht zu hohe Löhne und soziale Leistungen als solche für das
Hauptproblem der Wirtschaftsentwicklung, sondern die inländische Kapitalbildung.[60] Sie war durch die Vernichtung der
Geldvermögen durch die große deutsche Inflation bis November 1923 und die dadurch hervorgerufenen Verteilungsfolgen
gestört.[61] Das Einkommen aus Vermögen hatte vor dem Ersten
Weltkrieg 12,5 Prozent (1913) des deutschen Volkseinkommens
ausgemacht. 1925 lag es bei nur 2 Prozent und stieg allmählich
bis auf nur 4,2 Prozent 1929 an. Dafür hatten die Arbeitnehmer

---

59   Holtfrerich, Economic Policy Options (wie Anm. 3). S. 80. Ders., Ver-
nachlässigte Perspektiven der wirtschaftlichen Probleme der Weimarer Republik, in: Winkler (Hg.), *Staatskrise* (wie Anm. 16), S. 148–150.

60   Schumpeter, *Aufsätze* (wie Anm. 52), S. 40 und 45. Andere Wirtschaftswissenschaftler nennt: Harald Hagemann, Lohnsenkungen als Mittel der
Krisenbekämpfung? Überlegungen zum Beitrag der ›Kieler Schule‹ in der
beschäftigungspolitischen Diskussion am Ende der Weimarer Republik, in:
H. Hagemann/H. D. Kurz (Hgg.), *Beschäftigung, Verteilung und Konjunktur. Zur
politischen Ökonomik der modernen Gesellschaft.* Festschrift für Adolph Löwe,
Bremen 1984, S. 97–129.

61   Dazu: Carl-Ludwig Holtfrerich, *Die deutsche Inflation 1914–1923. Ursachen und Folgen in internationaler Perspektive,* Berlin 1980, S. 218–277.

fast entsprechende Volkseinkommensanteile übernommen: von 46,4 Prozent 1913 auf 57,4 Prozent 1925 und weiter auf 59,8 Prozent 1929, jeweils unter Einschluß der Arbeitgeberbeiträge zur Sozialversicherung.[62] Der Einkommensanteil aus Unternehmertätigkeit war zwar auch zurückgefallen, aber erheblich weniger als der aus Vermögen; seine Entwicklung dürfte vor allem die relativ unbefriedigende Wirtschaftsentwicklung der »goldenen« zwanziger Jahre widerspiegeln. Traditionell hatten die Vermögenshalter die größten Beiträge zur volkswirtschaftlichen Ersparnis- und damit Kapitalbildung geleistet. Der Verlust der Einkommensanteile dieser Gruppe dürfte die Hauptursache für die unzureichende inländische Kapitalbildung und daraus resultierend das relativ hohe Zinsniveau und die Kapitalimporte gewesen sein.

Die Störungen bei der Kapitalbildung und die vergleichsweise hohen Zinsen hätten sich nur vermeiden lassen, wenn von der Arbeitnehmergruppe nicht nur die Einkommensanteile der Gruppe der Vermögensbesitzer übernommen worden wären, sondern auch deren wichtige Funktion als Hauptbeiträger zur volkswirtschaftlichen Kapitalbildung. Dazu hätte es dessen bedurft, was die Bundesrepublik nach dem Zweiten Weltkrieg praktizierte, nämlich eine Förderung der Ersparnisbildung durch Steuervergünstigungen und Sparprämien. Auch Tarifvereinbarungen über Investivlöhne hätten zur Erhöhung der volkswirtschaftlichen Kapitalbildung und damit zu einem niedrigeren Zinsniveau beitragen können. Insofern lag die Frage des Zinsniveaus nicht nur im Verantwortungsbereich der Reichsbankpolitik, sondern auch der Regierung und des Gesetzgebers sowie der Tarifpartner.

---

62 Statistisches Reichsamt, *Das deutsche Volkseinkommen vor und nach dem Kriege (= Einzelschriften zur Statistik des Deutschen Reichs Nr. 24)*, Berlin 1932, S. 84.

Überlegungen zu Verfassung und Scheitern der Weimarer Republik
Kommentar
von
Karl Dietrich Bracher

I.

Carl Ludwig Holtfrerichs große Kontroverse mit dem Münchener Wirtschaftshistoriker Knut Borchardt über die Brüningsche Wirtschaftspolitik war in den achtziger Jahren ein wichtiges Ereignis der Weimar-Diskussion überhaupt und ist zugleich ein Beitrag zu den Problemen der heutigen Wirtschaftspolitik im besonderen. In der Tat trifft trotz der großen Bedeutung der ökonomischen Probleme in Staat und auch Kultur – gemäß Walther Rathenaus Wort »Die Wirtschaft ist das Schicksal« – ebenso gewiß gerade auf die Weimarer Republik (und auf Demokratien mit ihrer empfindlichen Struktur allzumal) Napoleons Ausspruch gegenüber Goethe in Weimar 1806 in hohem Maße zu: »Die Politik ist das Schicksal«.

Selbst von Verteidigern des Brüning-Kurses ist kaum zu bestreiten, daß die innen- und sozialpolitische Behandlung gerade auch der Wirtschaftskrise gegenüber der außenpolitischen wie der primär ökonomischen Sicht der Probleme von der Regierung Brüning verhängnisvoll vernachlässigt wurde. So entstand eben jenes politisch-psychologische Vakuum, das den weitesten Agitationsspielraum zumal für die Diktaturparteien bot.

Hinzu kommt die verfassungsmäßig ermöglichte fatale Selbstenthaltung oder Selbstausschaltung von Parlament und Parteien, die bereits im Dualismus von Parlaments- und Präsidialsystem, d. h. im Rückgriff auf eine autoritäre Reserveverfassung begründet lag, die aber in der Krisenpolitik seit 1930 mit Unterstützung Hindenburgs besonders forciert wurde, zum Nachteil der demokratischen Kultur der Gewaltenteilung und der politischen Partizipation.

Welche Rolle spielten die »alten Eliten«? Es gab durchaus auch »neue« demokratische Führungskräfte in Parteien und Verbänden und neben konservativen vor allem auch revolutionäre Einflußströme mit totalitären Führerideologien von links wie besonders von rechts. Mit dem gängigen Muster »reaktionär« oder »progressiv« wäre für das Scheitern von Weimar nicht viel erklärt.

Hinzu kommen Zweifel an der Zuverlässigkeit und Authentizität der vielzitierten, doch über einen langen Zeitraum verfaßten Memoiren Brünings.

Nicht zuletzt aber: Wie sieht der Wirtschaftshistoriker die Rolle des Staates in der Krise? Läßt sich unsere heutige Lage trotz hoher Arbeitslosigkeit mit der Weltwirtschaftskrise überhaupt vergleichen? Wie könnte man heute Unternehmensgewinne stärker an Investitionen binden oder orientieren? Und schließlich: Was ist ökonomisch, politisch und praktisch zur damals wie heute brennenden Frage der »Arbeitsbeschaffung« durch den Staat zu sagen?

II.
Historische Probleme

Die Weimarer Republik war zwar im Juli 1919 von einer großen Mehrheit der frei gewählten verfassunggebenden Nationalversammlung als parlamentarische Demokratie bestätigt worden. Doch sie wurde kein stabiles Staatswesen. Die Monarchie hatte der neuen Republik mit der schweren militärischen Niederlage den Zwang zu einem Friedensschluß hinterlassen, der ihre wirtschaftliche und politische Entwicklung von Beginn an aufs äußerste bedrohte. Schnell neigten weite Kreise der Bevölkerung dazu, der demokratischen Neuordnung die Schuld an allen Schwierigkeiten zu geben, die aus dem Erbe des alten Regimes, seines Krieges und den harten Friedensbedingungen des Versailler Vertrags erwuchsen.

Aber einem Jahrfünft der Krisen folgte ein Jahrfünft der Beruhigung (1924–1929), in dem auch der politische Radikalismus zurückging. Gewöhnung an die Republik, Erfolge der Verständigungspolitik Stresemanns und Aussicht auf innere und äußere Versöhnung versprachen Dauer und Sicherheit. Wenig deutete darauf hin, daß schon drei Jahre später ohne jede äußere Bedrohung die Republik sich ihren Zerstörern ausliefern würde. Dabei hatte der Weimarer Staat trotz aller Mängel und Schwierigkeiten bereits ein Jahrzehnt länger als etwa Italien die Krisen der Nachkriegszeit und die Anfechtungen der parlamentarischen Demokratie durch Gegner von rechts und links überstanden.

Die Gründe des Scheiterns der Republik können nicht auf eine einzige Hauptursache oder Ursachenformel zurückgeführt werden. Darunter leiden die verschiedenen üblichen Erklärungsweisen. Überblickt man die Vielzahl der Forschungen und Deutungen, dann könnte man etwa sieben Schwerpunkte unterscheiden, die freilich jeweils nur partielle Antworten geben und weitere Fragen aufwerfen:

1. Die ökonomische Deutung hebt vor allem auf die Bedeutung der Wirtschaftskrise ab. Aber warum endete diese gerade in Deutschland in der allerschlimmsten Diktatur?

2. Die institutionelle Erklärung betont besonders die Verfassungsmängel oder die Möglichkeiten, aus der Verfassung autoritäre oder diktatorische Konsequenzen abzuleiten. Wie naheliegend war der Weg von den großen präsidialen Vollmachten zur Abwertung oder Vernachlässigung des parlamentarisch-demokratischen »Parteienstaates« zugunsten einer pseudolegalen Diktatur?

3. Soziologische Deutungen akzentuieren vor allem die politische Labilität bestimmter Schichten, zumal – dies ist die beliebteste Theorie – des Kleinbürgertums. Aber war nicht der Nationalsozialismus besonders wirkungsmächtig als Typus der neuartigen Form einer totalitären Volkspartei oder auch absolutistischen Integrationspartei (so schon Sigmund Neumann 1932)?

4. Der ideologische Faktor wird besonders betont im Hinblick auf autoritäre Traditionen im deutschen Staatsdenken, blendet also ins 19. Jahrhundert zurück. Doch ist die Theorie vom »deutschen Obrigkeitsstaat« im Blick auf die mächtigen liberalen und sozialen Strömungen nicht sehr zu differenzieren? Eine national-autoritäre und auch antisemitisch gefärbte Ideologisierung deutschen – wie auch europäischen – Denkens schon seit etwa 1880 wird erst durch die politischen Umwälzungen von 1914 bis 1918 wirklich virulent und konkretisiert, ist also eminent politisch bedingt.

5. Die antikapitalistischen Argumentationen von links wie von rechts beschwören pseudowissenschaftlich in der »Krise des Kapitalismus« eine geradezu geschichtsnotwendige Krise des Westens, mit Hitler als »Knecht des Kapitalismus«. Liegt aber nicht gerade auch hier ganz wesentlich eine der verhängnisvollen Unterschätzungen des Nationalsozialismus?

6. Die massenpsychologische Erklärung hebt die Rolle von Propaganda, von kollektiver Entwurzelung der Massen, Massensuggestion hervor, wie sie Hitler in »Mein Kampf« ja auch selbst so deutlich beschrieben hatte, wohl den Theorien Gustave Le Bons folgend. Doch ist ganz besonders die Rolle der modernen Medientechnik, zumal seit 1923 (Radio) zu bedenken.

7. Schließlich tritt die Bedeutung der handelnden und intrigierenden Personen in der Krise von 1930 bis 1933 als entscheidend hervor. Aber bleibt neben dem personalistischen Erklärungsfaktor das Ineinander von Akteuren und Strukturen nicht auch hier die grundlegende historisch-politische Fragestellung?

III.
Kultur und Politik

Man muß sich die letztlich fatale Einkreisung der Republik durch ihre Feinde bewußt machen, um auch der Leistung der republikanischen Parteien und Politiker gerecht zu werden. Die in Weimar begründete Demokratie war in Wahrheit nichts Fremdes, Importiertes, sondern Durchbruch einer demokratischen Tradition, die von der Glorifizierung der »Realpolitik« und des starken Staates im Kaiserreich überdeckt worden war, und sie bedeutete gleichzeitig die Wiederaufnahme einer übernationalen, »weltbürgerlichen« Kultur- und Gesellschaftstradition jenseits der nationalstaatlich-imperialen Verengung.

Doch die Schärfe der geistigen Auseinandersetzung und das oft extrem provokative Verhalten von Intellektuellen, die das reiche künstlerische Leben fieberhaft vorantrieben, trug zur Verunsicherung der Republik und Bloßstellung ihrer Schwächen bei, die ihre Gegner schonungslos zu nutzen verstanden: demokratische Toleranz auch gegen die Feinde der Demokratie sollte sich bitter rächen. Und wie der Kommunismus, so wurde am Ende auch Hitler nicht wirklich ernst genommen: Man wollte ihn ans Ruder lassen, damit er abwirtschaften könne, wie die »Weltbühne« schrieb, oder verweigerte verächtlich die Auseinandersetzung mit dem niveaulosen Nationalsozialismus: »Mir fällt zu Hitler nichts ein« (Karl Kraus).

Es beeinträchtigte Wirkung und Integration der Kultur von Weimar ganz besonders, daß sie als Werk »undeutscher« Kräfte gescholten und mit jenen antisemitischen Stereotypen belegt wurde, gegen die rationale Argumente wirkungslos waren: Man diffamierte die Juden als Repräsentanten einer antinational-kosmopolitischen Zivilisation, als wurzellose und destruktive Kritiker, als Gegensatz zum »schöpferischen« deutschen Geist.

Das Klischee von der jüdisch »überfremdeten« Kultur diskreditierte zugleich überhaupt die westliche Zivilisation der nachrevolutionären Moderne, und es verschärfte die Spaltungen zwischen rechts und links, reformistisch und revolutionär, nationalistisch und internationalistisch noch um eine entscheidende Nuance. So erfolgte dann auch gerade in Deutschland, wo sich jene Spaltungen besonders tief auftaten, der Umschlag von der weltoffenen, liberalen Kulturblüte der zwanziger Jahre zur engsten totalitären Reglementierung mit besonderer Heftigkeit. Doch kaum geringer war schließlich auch die Enttäuschung der Intellektuellen über die Sowjetunion Stalins, die nach revolutionär hochgestimmtem Beginn bald ebenso repressiv auf den Traum von der herrschaftsfreien Politik, vom Vernunftreich der Intellektuellen reagierte.

Die Demokratiekritik wirkte sich besonders aus, weil der Staat von Weimar bald in vielerlei Hinsicht eine Republik der Minderheit, ein Staat von jedermanns Vorbehalt war, ausgenommen die kurzen Monate der Begründung von 1918/19. Darin lag schon die fatale Bedeutung des Versailler Vertrages, dessen erzwungene Unterzeichnung der Periode einer anfänglich überwiegenden Zustimmung ein Ende gesetzt hat. Doch es gab eine große Anzahl von Schwankenden, zumal in der breiten deutschen Mittelschicht, die weder nach Versailles (wie die Ablehnung des reaktionären Kapp-Putsches 1920 beweist) noch im Krisenjahr 1923 endgültig ins antidemokratische Lager abwanderten. Die Optionen und Alternativen blieben noch bis in die Schlußjahre durchaus offen, und der Mischcharakter der Weimarer Republik, die konservative mit liberalen Zügen verband, konnte durchaus auch Integrationswirkung entfalten.

Die Voraussetzung war freilich, daß es zu äußeren Fortschritten und zu einer Verbesserung der internationalen Lage kam, die der Republik allmählich das Odium eines Erfüllungsgehilfen der Alliierten nahm, und daß diese Fortschritte die bisherige Erfahrung widerlegten, Demokratie sei mit Krise und Unordnung gleichzusetzen.

IV.
Probleme der Realverfassung

Die Krise der parlamentarischen Demokratie und der Aufstieg einer totalitären Partei sind nicht voneinander zu trennen. Gerade die Wechselbeziehung zwischen beiden ist das eigentliche Problem, vor dem wir uns sehen, wenn wir über das Ende der Weimarer Republik sprechen. Dabei geht es um die zwei Seiten eines Vorgangs: um die strukturellen Voraussetzungen der Krise einerseits und um die machtpolitischen Vorgänge, die schließlich das Ende der Weimarer Republik herbeiführten. Dem entsprechen zwei Grundfragen der Forschung und Deutung: Wie bestimmend waren die endogenen Faktoren der Krise – die also in der Struktur der Weimarer Republik lagen –, und wie stark oder gar letztlich entscheidend haben sich die äußeren

Einflüsse dann in der kritischen Entwicklung seit 1930 ausgewirkt?

Ein zweites Gegensatzpaar in der Reihe der Erklärungsversuche liegt in der Doppelfrage: Welches waren die spezifisch deutschen historischen, politischen, psychologisch-ideologischen Voraussetzungen, und welches war andererseits ihr Verhältnis zu den allgemeinen europäischen Umständen und Bedingungen der Krise der Demokratien, die sich vor allem in den neuen nationalstaatlichen Demokratien unter dem Druck der Modernisierung und der Egalisierung der Gesellschaftsstrukturen seit dem Ersten Weltkrieg ständig verschärften? Diese führten ja zuerst in Rußland, dann in Italien, in Polen, in den Balkanstaaten und erst danach in Deutschland, in Österreich, in Griechenland, in Spanien zu Diktatur-Regimen verschiedener Formen.[1]

Die Optionen und Alternativen blieben aber auch in Deutschland lange Zeit offen, und der Mischcharakter der Weimarer Republik, die konservative mit liberalen und sozialen Zügen verband, konnte, wie bereits gesagt, durchaus auch Integrationswirkung entfalten. Um so schwerer wog der Ausbruch der Weltwirtschaftskrise, die seit Ende 1929 mit dem Sturz der Produktionsziffern und dem großen Anwachsen der Arbeitslosigkeit ohne – anders als heute – hinreichenden Schutz die soziale und psychologische Situation bedrohlich veränderte und rasch auch das politische Leben zerstörte. Hier bot nun die dreifache Machtposition des Reichspräsidenten den Ansatzpunkt. Mit dem Notverordnungs- und Reichsexekutionsrecht, der Auflösung des Reichstags und der Ernennung und Entlassung von

---

1 Vgl. dazu neben meinem Propyläen-Band *Die Krise Europas seit 1917,* Frankfurt a. M./Berlin 1976, aktualisierte Neuausg. 1993, jetzt Horst Möller, *Europa zwischen den Weltkriegen* (= Oldenbourg Grundriß der Geschichte, Bd. 21), München 1998.

Reichskanzler und Ministern konnte er praktisch ohne Parlamentskontrolle regieren. Unter Ebert zum Schutz der Demokratie benutzt, ermöglichte die Präsidentenmacht in der Hand Hindenburgs und seiner Ratgeber, die nun Geschichte machten, unter Brüning die Zurückdrängung des Parlaments, dann die autoritären Experimente Papens und Schleichers, die Gleichschaltung Preußens und schließlich den angeblich legalen, tatsächlich terroristischen Machtergreifungskurs einer Minderheitsregierung unter Hitler.

Diese intrigen- und folgenreichste Fehlhandlung deutscher Geschichte war doppelt widersinnig zu einem Zeitpunkt, als der Tiefpunkt der Wirtschaftskrise durchschritten, das Reparationsproblem im deutschen Sinne gelöst und eine weitere Revision von Versailles abzusehen war. Der in der Republik angebahnte Wiederaufstieg kam nun ganz der NS-Propaganda und Heilsbotschaft des »Dritten Reiches« zugute.

V.
Wirtschaft und Politik

In diesem Zusammenhang konnte sich rasch die besondere Form der kommenden »deutschen Diktatur« entwickeln: die Durchsetzung der totalitärsten Variante eines antidemokratischen Regimes mit unmenschlichen Folgen gerade in einem Staat mit hoher Kultur und (vermeintlicher) Effizienz zugleich. Es zeigt sich, daß in einem verwaltungs- und ökonomisch-technisch hochentwickelten Land die Auswirkungen wirtschaftlicher Krisen auf das demokratische System dann besonders nachteilig sind, wenn starke Diskrepanzen zwischen staatlicher und wirtschaftlicher Struktur, geistiger und gesellschaftlicher Tradition bestehen. Alle ökonomischen Schwankungen können hier soziale und politische Konsequenzen von besonderer Stärke zeitigen. Auch dies gehört zur ambivalenten politischen Kultur von Weimar.

In einem Land, das noch wenig positive Erfahrung mit der Demokratie besaß, stiegen die Ansprüche und Anforderungen an den modernen Industriestaat immer stärker; daraus ergaben sich erhöhte Schwierigkeiten und Notwendigkeiten für die politische Führung, die Krisenbewältigung *(crisis management)* auf eine Wirtschafts- und Sozialpolitik der »Vorsorge« abzustellen. Verantwortungslose Diktatur konnte dies scheinbar eher.

Die verheerende Inflation von 1923 wurde eben noch überstanden, nicht zuletzt auch deswegen, weil sie nur kurz mit einer größeren Arbeitslosigkeit einherging und schließlich doch verhältnismäßig rasch beendet werden konnte. Aber sie hinterließ ein schweres Trauma. Die schmerzlichen Verluste zumal für die Mittelschichten machten die Furcht vor einer Wiederholung der Inflation und vor der Gefahr eines weiteren ökonomischen und sozialen Absinkens zu dem eigentlichen Motiv des politischen Verhaltens in der Krise. Es war daher auch verständlich, daß in allen Ländern und besonders in Deutschland seit dem Einbruch der Weltwirtschaftskrise der Kurs einer Deflationspolitik eingeschlagen wurde. Aber dieser mußte die Wirtschaftskrise zunächst noch verschärfen und schließlich auch verlängern, weil er die unternehmerische Aktivität behinderte und die Arbeitslosigkeit vergrößerte. In Deutschland wirkte sich dies besonders verhängnisvoll aus: es bestand eine beträchtliche Abhängigkeit von ausländischen, zumal amerikanischen Darlehen, die nun kurzfristig zurückgezogen wurden, und die Neigung, alle Problemlagen auf die Demokratie, auf Versailles und das Ausland zu schieben, wurde angesichts des nationalegoistischen Verhaltens aller Länder in der Krise nicht geringer. Und noch waren ja keine sechs Jahre seit der Inflation vergangen.

Vor allem aber sollte sich als verhängnisvoll erweisen, daß die deutsche Krisenregierung unter Heinrich Brüning seit 1930 keine breite politische Basis besaß wie etwa die englische Koalitionsregierung unter Ramsay MacDonald und daß sie ihre wirtschaftspolitischen Maßnahmen weder verständlich zu machen noch Vertrauen zu wecken vermochte, wie es für eine Demokratie geradezu unabdingbar ist. In diese Lücke stieß Hitler, der seine politisch-ökonomischen Maßnahmen dann virtuos zu propagieren verstand. Die Vernachlässigung der Innenpolitik zugunsten außen- und finanzpolitischer Ziele, die zum Teil bloße Hoffnungen waren, kann sich in einer solchen Lage verhängnisvoll auswirken, weil sie ein innenpolitisches Machtvakuum schafft, in das systemfeindliche Kräfte eindringen. Noch so treffende Maßnahmen können dann entgegengesetzte Wirkungen auslösen, und das politische System kann zerbrechen, bevor sich die wirtschaftliche Sanierung und Erholung auszuwirken vermag.

Mit diesen Bemerkungen zu der unbezweifelbaren Korrelation von ökonomischer und politischer Stabilität ist freilich noch nicht der politische Verlauf der Entwicklung von 1930 bis 1933 erklärt. Nicht die ökonomische Verursachung, sondern die Form und die Folgen politischen Reagierens auf die Krise sind das zentrale Problem, um das die Frage kreist, warum es in Deutschland so und nicht anders gekommen ist – aber nicht notwendig kommen mußte.

Nähe und Ferne der Vergangenheit.
Zur politischen Kultur der Weimarer Republik
Kommentar
von
Andreas Rödder

I.

Die Weimarer Republik sitzt in der Zwickmühle der heutigen Sicht. Wie im Brettspiel schnappt stets – in Wissenschaft und Öffentlichkeit – mindestens eine Falle der Kritik und des Unverständnisses zu.

1. Aus der zerstörten ersten deutschen Republik ging die nationalsozialistische Diktatur hervor. Daher ist die Geschichte von Weimar immer zugleich Vorgeschichte des »Dritten Reiches«. Jeder Blick auf die Weimarer Republik schließt ihre unvergleichlich schwerwiegenden, verhängnisvollen Folgen mit ein; jeder Blick auf Weimar rückt das Denken und Handeln der Zeitgenossen daher in den Zusammenhang ganz besonderer und nicht zuletzt schuldhafter Verantwortlichkeiten für die »deutsche Katastrophe«[1].

Herrn Dr. Thomas Hertfelder, Stuttgart, danke ich für Lektüre und Kritik.

1 Friedrich Meinecke, *Die deutsche Katastrophe. Betrachtungen und Erinnerungen,* Wiesbaden 1946.

2. Die Bundesrepublik Deutschland ist das allgegenwärtige positive Gegenbild zur Weimarer Republik: »Bonn ist nicht Weimar«[2]. Dieses bis zur Phrase gedroschene Qualitätsurteil der zweiten deutschen Republik, das mit dem Umzug von Regierung und Parlament nach Berlin im übrigen einen neuen Klang gewinnt, spricht zugleich ein Verdikt über die erste. »Weimar war nicht Bonn«, so lautet der Vorwurf. Die funktions- und leistungsfähige, stabile parlamentarische Demokratie, die Sozialordnung und die internationale Integration der zweiten Republik sind, so der bundesdeutsche Generalkonsens insbesondere der siebziger und achtziger Jahre, die Norm: So hätte die labile und gescheiterte erste Republik sein sollen.

3. Einen zusätzlichen Maßstab legen die (historischen) Sozialwissenschaften mit ihrem moralisch-normativen Modernisierungsparadigma an: Partizipation, Demokratie und Mitbestimmung, Gleichberechtigung und Emanzipation, Pluralismus und aufgeklärte Rationalität sind die verbindlichen und überzeitlichen Kriterien dieses gesellschaftstheoretischen Entwicklungsmodells.[3] Es bestimmt die Normen für Gegenwart und Vergangenheit und setzt ihr das Ziel: den modernen demokratischen Sozialstaat. Was davon abweicht, ist der deutsche »Sonderweg«[4], auf dem die Weimarer Republik, so etwa die Sicht von Hans Mommsen, insofern wan-

---

2 Fritz René Allemann, *Bonn ist nicht Weimar,* Köln 1956.

3 Vgl. dazu etwa Hans-Ulrich Wehler, *Deutsche Gesellschaftsgeschichte.* Erster Band 1700–1815, 2. Aufl. München 1989, S. 12–30, bes. S. 16 und 19f. sowie 555 Anm. 12, sowie Ders., *Modernisierungstheorie und Geschichte,* Göttingen 1975.

4 Vgl. dazu zuletzt Heinrich August Winkler, Die deutsche Abweichung vom Westen. Der Untergang der Weimarer Republik im Lichte der »Sonderwegs-These«, in: *Gestaltungskraft des Politischen.* Festschrift für Eberhard Kolb, hg. von Wolfram Pyta und Ludwig Richter, Berlin 1998, S. 127–137.

delte, als ihre undemokratischen vormodernen Eliten die »verspielte Freiheit« zu verantworten hatten.[5]

Aus alledem ergeben sich recht eindeutige Ansichten, wie die Weimarer Republik hätte sein sollen: parlamentarisch-demokratisch, wohlfahrtsstaatlich, international integriert, »modern« und stabil. Und weil sie diesen Ansprüchen nicht genügte, ist das Urteil schnell bei der Hand, wie es etwa Hagen Schulze pointiert formulierte: daß die Zeitgenossen »falsch dachten und deshalb falsch handelten«.[6]

II.

Nun ist es natürlich eine erkenntnistheoretische Selbstverständlichkeit, daß jede historische Betrachtung vom Standort des Betrachters ausgeht und daß das Wissen von der Vergangenheit nur aus dem Vorwissen der Gegenwart heraus erworben wird. Hierin liegt ja auch der Reiz, immer wieder neue Fragen an die Vergangenheit zu stellen, so daß jede Generation ihre Geschichte neu schreibt. So inspirierend dies ist, so stellt sich doch die Frage nach der ursprünglichen Erkenntnisabsicht und der Funktion von Geschichtswissenschaft: »die Vergangenheit zu richten« und »die Mitwelt zum Nutzen zukünftiger Jahre zu belehren«[7], wie Ranke dies nannte, moderner formuliert: hand-

5   Vgl. Hans Mommsen, *Die verspielte Freiheit. Der Weg der Republik von Weimar in den Untergang 1918–1933,* Frankfurt a. M./Berlin 1989.

6   Hagen Schulze, *Weimar. Deutschland 1917–1933,* Berlin 1994 (zuerst 1982), S. 425.

7   Leopold von Ranke, Vorrede der ersten Ausgabe von: *Geschichten der romanischen und germanischen Völker von 1494–1514* [1824], in: Ders., *Sämtliche Werke,* Bd. 33/34, Leipzig 1874, S. VII.

lungsleitendes Orientierungswissen zu gewinnen, noch knapper gesagt: zu »lernen«, scheint ebenso verlockend wie sinnstiftend. Doch es verstellt den Blick und verzerrt das Bild der Vergangenheit. Hier liegt das Problem der eingangs zitierten Perspektiven. Denn über dem Bewerten und Moralisieren bleiben dem Rückblickenden Denken und Handeln der Zeitgenossen von Weimar in vielem völlig fremd. Wir verstehen die Zeitgenossen und ihre Zeit letztlich nicht.

Darum aber geht es: die Vergangenheit zu verstehen, um sie möglichst vorurteilsfrei zu erklären. Dazu gehören zwei Voraussetzungen: Erstens sind Normen, Werte und Haltungen der Zeitgenossen unauflöslich zeitverhaftet und zeitgebunden, und nicht an einer überzeitlichen gesellschaftstheoretischen Norm zu messen; nochmals mit Ranke gesprochen: »Jede Epoche ist unmittelbar zu Gott«[8], die Weimarer Republik ebenso wie die Bundesrepublik oder der Investiturstreit. Zweitens ist der Vergangenheit (als historischer Gegenwart) die prinzipielle Offenheit ihrer Zukunft zuzubilligen und der historische Prozeß nicht einer gesellschaftstheoretischen Sinn- und Zielvorgabe zu unterwerfen.[9] Die Vergangenheit als eigenständige Zeit eigenen Rechts zu begreifen, deren »Wert«, noch einmal Ranke, »gar nicht auf dem [beruht], was aus ihr hervorgeht, sondern in ihrer Existenz selbst, in ihrem eigenen Selbst« liegt, ist gerade im Falle der Weimarer Republik intellektuell und auch moralisch

---

8   Leopold von Ranke, Wie der Begriff »Fortschritt« in der Geschichte aufzufassen sei [1854], in: Ders., *Über die Epochen der neueren Geschichte. Vorträge dem Könige Maximilian II. von Bayern gehalten,* Darmstadt 1954, S. 5–8, hier S. 7 (dort auch das folgende Zitat).

9   Vgl. dazu zuletzt Thomas Hertfelder, Neue Ansichten vom Historismus, in: *Historisches Jahrbuch* 118 (1998), S. 361–373, hier S. 366f.; vgl. auch Volker Steenblock, Die Legitimität des Historismus, in: Gunter Scholz (Hg.), *Historismus am Ende des 20. Jahrhunderts. Eine internationale Diskussion,* Berlin 1997, S. 174–191, bes. S. 189f.

außerordentlich schwierig, ist weniger anwendungsorientiert und daher auch wissenschaftspolitisch weniger populär und mag weniger reizvoll scheinen. Aber es zielt auf »Gerechtigkeit für die Vergangenheit«.[10]

Moralische und wertende Maßstäbe liegen dem menschlichen Denken naturgemäß nahe, und sie sind für die öffentliche Debatte auch wichtig; beides gilt in besonderem Maße im Zusammenhang der nationalsozialistischen Diktatur und ihrer Massenverbrechen. Doch der Maßstab wissenschaftlichen Denkens ist nicht Moral, sondern Erkenntnis. Und ein tieferes geschichtliches Verständnis entschädigt nicht nur für einen Verlust an vordergründiger politischer Pädagogik, sondern trägt auf Dauer auch reichere Früchte: Sensibilität für allgemeine Zusammenhänge und Hintergründe; oder wie Jacob Burckhardt formulierte: »Damit erhält auch der Satz: *Historia vitae magistra* einen höheren und zugleich bescheidenern Sinn. Wir wollen durch Erfahrung nicht so wohl klug (für ein andermal) als vielmehr weise (für immer) werden«.[11]

III.

Nun sind diese methodischen Überlegungen und die Forderung nach einer verstärkten Historisierung der Weimarer Republik natürlich keineswegs völlig neu. Als zum Beispiel sechzig Jahre nach der Verkündung der Weimarer Reichsverfassung »Bilanz«

---

10 Eberhard Jäckel, Über den Umgang mit Vergangenheit, in: Ders., *Umgang mit Vergangenheit. Beiträge zur Geschichte,* Stuttgart 1989, S. 118–130, hier S. 123.
11 Jacob Burckhardt, *Über das Studium der Geschichte. Der Text der »Weltgeschichtlichen Betrachtungen«,* hg. von Peter Ganz, München 1982, S. 230; Rechtschreibung: sic.

über den Untergang der ersten Republik gezogen werden sollte, mahnte etwa Klaus Hildebrand gegenüber der These des »falschen Denkens« an, »mit den handelnden, leidenden und strebenden Individuen [...] historischer um[zu]gehen« und die Geschichte ihrer Mentalität und ihres politischen Denkens zu vertiefen.[12]

Achtzig Jahre nach Verkündung der Reichsverfassung ist die Bilanz zwiespältig. Einerseits ist das Bemühen um eine solche Betrachtungsweise der Weimarer Republik, wie es sich etwa in Borchardts These von den erdrückenden »Zwangslagen« und allzu engen »Handlungsspielräumen« der Regierung Brüning niederschlägt, die eine lebhafte Kontroverse insbesondere mit Carl-Ludwig Holtfrerich ausgelöst hat[13], unverkennbar und offenbar insbesondere in den neunziger Jahren im Zunehmen begriffen, ob es sich um neuere Arbeiten zur Verfassungs-[14],

---

12 Ergebnisdiskussion in: Karl Dietrich Erdmann/Hagen Schulze (Hgg.), *Weimar. Selbstpreisgabe einer Demokratie. Eine Bilanz heute,* Düsseldorf 1980, S. 340.

13 Knut Borchardt, Zwangslagen und Handlungsspielräume in der großen Weltwirtschaftskrise der frühen dreißiger Jahre: Zur Revision des überlieferten Geschichtsbildes, in: Ders., *Wachstum, Krisen, Handlungsspielräume der Wirtschaftspolitik. Studien zur Wirtschaftsgeschichte des 19. und 20. Jahrhunderts,* Göttingen 1982, 165–182; zur Kontroverse mit Carl-Ludwig Holtfrerich vgl. Eberhard Kolb, *Die Weimarer Republik* (= Oldenbourg Grundriß der Geschichte, Bd. 16), 4. Aufl. München 1998, S. 215–218.

14 Vgl. Eberhard Kolb/Wolfram Pyta, Die Staatsnotstandsplanung unter den Regierungen Papen und Schleicher, in: Heinrich August Winkler (Hg.): *Die deutsche Staatskrise 1930–1933. Handlungsspielräume und Alternativen,* München 1992, S. 155–181; William L. Patch, *Heinrich Brüning and the Dissolution of the Weimar Republic,* Cambridge 1998; vgl. auch meinen Tagungsbericht unter dem Titel: Reflexionen über das Ende der Weimarer Republik: Die Präsidialkabinette 1930–1932/33. Krisenmanagement oder Restaurationsstrategie? In: *Vierteljahrshefte für Zeitgeschichte* 47 (1999), S. 87–101. Vgl. auch Michael Stolleis, *Geschichte des öffentlichen Rechts in Deutschland.* Dritter

Militär-[15] und Gesellschaftsgeschichte[16] oder zur Außenpolitik[17] oder aber um die Gesamtdarstellung von Heinrich August Winkler[18] handelt. Dennoch kann keine Rede davon sein, daß sich diese Sichtweise wirklich gegenüber den etablierten Perspektiven durchgesetzt hätte. Und die öffentlichen Geschichtsdebatten der neunziger Jahre, die sich, wie etwa die Debatte um »Niederlage« oder »Befreiung« 1945, um die Wehrmacht oder um das Buch von Daniel Goldhagen, zuallermeist um den Nationalsozialismus drehen, neigen viel mehr zu einer nachgerade hysterisch zu nennenden kurzschlüssigen Moralisierung, der eines zunehmend fehlt: Verständnis für die Geschichte.

Band: *Staats- und Verwaltungsrechtswissenschaft in Republik und Diktatur 1914–1945*, München 1999.

15 Vgl. Johannes Hürter, *Wilhelm Groener. Reichswehrminister am Ende der Weimarer Republik (1928–1932)*, München 1993.

16 Vgl. Wolfram Pyta, *Dorfgemeinschaft und Parteipolitik. Die Verschränkung von Milieu und Parteien in den protestantischen Landgebieten Deutschlands in der Weimarer Republik*, Düsseldorf 1996, oder Andreas Wirsching, *Vom Weltkrieg zum Bürgerkrieg? Politischer Extremismus in Deutschland und Frankreich 1918–1933/39. Berlin und Paris im Vergleich*, München 1999.

17 Vgl. Andreas Rödder, *Stresemanns Erbe. Julius Curtius und die deutsche Außenpolitik 1929–1931*, Paderborn 1996, oder Philipp Heyde, *Das Ende der Reparationen. Deutschland, Frankreich und der Youngplan 1929–1932*, Paderborn 1998.

18 Heinrich August Winkler, *Weimar 1918–1933. Die Geschichte der ersten deutschen Demokratie*, München 1993. Vgl. auch Detlef Peukert, *Die Weimarer Republik. Krisenjahre der klassischen Moderne*, Frankfurt a. M. 1987.

IV.

Das Verständnis der Vergangenheit setzt voraus, den Horizont der Zeitgenossen zu erschließen, ihr Denken, ihre Mentalität und ihre »Weltbilder« (Max Weber)[19] zu rekonstruieren. All dies zieht sich im Begriff der »politischen Kultur« zusammen, der oft in einem ganz unspezifischen Sinne verwendet wird, der sich aber, wie er in der amerikanischen Politikwissenschaft bereits in den fünfziger Jahren (wenn auch zunächst normativ aufgeladen) geprägt worden ist, recht eindeutig definieren läßt. Versteht man politische Kultur als »Gesamtheit aller politisch relevanten Meinungen *(beliefs),* Einstellungen *(attitudes)* und Werte *(values)*«, so ist dieser Begriff als wertfreie analytische Kategorie ein außerordentlich hilfreiches Instrument zur Erfassung dieses Feldes[20], das noch weitgehend unbestellt vor der Forschung liegt und reichen Ertrag verspricht.[21] Die politische Kultur als den Rahmen des politischen Handelns der Zeitgenossen

---

19 Max Weber, Die Wirtschaftsethik der Weltreligionen, in: Ders., *Gesammelte Aufsätze zur Religionssoziologie,* Bd. 1, 5. Aufl. Tübingen 1963, S. 237–572, hier S. 252.

20 Vgl. dazu Dirk Berg-Schlosser, Politische Kultur, in: Wolfgang W. Mickel (Hg.), *Handlexikon zur Politikwissenschaft,* Bonn 1986, S. 385–388, das Zitat S. 385, oder Karl Rohe, Politische Kultur und ihre Analyse. Probleme und Perspektiven der politischen Kulturforschung, in: *Historische Zeitschrift* 250 (1990), S. 322–346, hier S. 333 und 340.
»Politische Kultur« wird hier als begriffliches Instrument verwendet und nicht als umfassender politikwissenschaftlich-theoretischer und hauptsächlich mit Umfragedaten arbeitender Ansatz verstanden.

21 Ansätze zur Erforschung der politischen Kultur hat es in den von Detlef Lehnert und Klaus Megerle herausgegebenen Bänden *Politische Identität und nationale Gedenktage. Zur politischen Kultur in der Weimarer Republik,* Opladen 1989, und *Politische Teilkulturen zwischen Integration und Polarisierung. Zur politischen Kultur in der Weimarer Republik,* Opladen 1990, gegeben, die allerdings nicht zu einer Synthese gelangen.

zu rekonstruieren eröffnet breite Forschungsperspektiven für eine fruchtbare Verbindung von Politik- und Kulturgeschichte, von klassischem »Historismus« und modernem »Kulturalismus«.[22]

Wie (anders) sich »Weimar« aus solcher Sicht darstellt, soll nun anhand von drei Gegenständen demonstriert werden, die für gewöhnlich im Zentrum der Kritik und der Verständnislosigkeit stehen: die Haltung zum Parlamentarismus, der außenpolitische Revisionismus und die Reparationspolitik in der großen Staatskrise seit 1930. Daß Heinrich Brüning dabei an zentraler Stelle der Überlegungen steht, liegt daran, daß sich in seiner Kanzlerschaft – und in gewissem Maße gilt dies auch für Gustav Stresemanns Außenpolitik, an der das zweite Beispiel ausgeführt wird – die politischen Probleme der Weimarer Republik wie in einem Brennglas bündeln.

V.

Nach gängiger Auffassung lag der Kardinalfehler der Weimarer Republik, besonders in ihrer Endphase, in einem Mangel an Parlamentarismus. Gerade der Regierung Brüning wird immer wieder vorgeworfen, daß sie nicht parlamentarisch regierte, weil sie restaurative Ziele, insbesondere eine Wiederherstellung der Hohenzollernmonarchie, angestrebt habe. Der politische Wille[23] oder nur die verfassungsmäßigen Voraussetzun-

---

22 Zu neueren Ansätzen der von der klassischen Sozialgeschichte herkommenden Kulturgeschichte vgl. zuerst Ute Daniel, »Kultur« und »Gesellschaft«. Überlegungen zum Gegenstandsbereich der Sozialgeschichte, in: *Geschichte und Gesellschaft* 19 (1993), S. 69–99.

23 Vgl. dazu etwa pointiert Karl Dietrich Erdmanns Beitrag in: Erdmann/ Schulze (Hgg.), *Weimar. Selbstpreisgabe* (wie Anm. 12), S. 343.

gen[24] zum parlamentarisch-demokratischen Regieren hingegen hätten den Untergang der Republik verhindern können. Das ist vordergründig ebenso richtig, wie es unrealistisch ist, weil es den Horizont der Zeitgenossen ausblendet.

Ein funktionsfähiges parlamentarisches System hat sich während der Weimarer Republik nie eingespielt. Ende der zwanziger Jahre war dann allerorten von der Krise des Parlamentarismus die Rede. Das Scheitern der Großen Koalition im März 1930 führte erst recht vor Augen, wie wenig und immer weniger die Parteien in der Lage waren, sich im Kompromiß zu einigen, daß, mit Heinrich August Winklers Worten, »die parlamentarische Demokratie von Weimar bereits gescheitert war, als Brüning am 30. März 1930 Kanzler wurde«.[25]

Auch unter republikanischen Politikern war die Meinung weitverbreitet, daß die Effizienz des politischen Systems nur durch eine Stärkung der Exekutive gegenüber dem Reichstag zu gewährleisten sei. Stresemann etwa schrieb seiner Partei 1929 ins Stammbuch: »Wir müssen uns bemühen, zur Reform des Parlamentarismus zu kommen. Wir müssen verlangen, daß der Parteigeist seine Grenze findet an den Lebensnotwendigkeiten der deutschen Entwicklung, daß das Parlament den Zwang nicht nur zur formalen, sondern tatsächlichen Mehrheitsbildung in sich findet oder, wenn das an den Parteien selbst in dieser Situation scheitert [...,] verantwortungsbewußte Persönlichkeiten den Mut finden, zu regieren, das heißt die Führung zu überneh-

---

24 So etwa Horst Möller, *Weimar. Die unvollendete Demokratie,* München 1985, bes. S. 203–205, sowie Ders., Parlamentarismus-Diskussion in der Weimarer Republik. Die Frage des »besonderen« Weges zum parlamentarischen Regierungssystem, in: Manfred Funke/Hans-Adolf Jacobsen/Hans-Helmuth Knütter/Hans-Peter Schwarz (Hgg.), *Demokratie und Diktatur. Geist und Gestalt politischer Herrschaft in Deutschland und Europa.* Festschrift für Karl Dietrich Bracher, Düsseldorf 1987, S. 140–157.

25 Winkler, *Weimar* (wie Anm. 18), S. 474.

men.«[26] Der Sozialdemokrat Theodor Haubach kritisierte 1930/31 die überzogene Einschränkung der Exekutive und betrachtete die Abdankung des Parlamentarismus erst als Voraussetzung für eine aktive Regierungspolitik.[27]

»Alle Parteien mehr rechts als sonst«, notierte der Publizist Ernst Feder schon im April 1930.[28] Nach der Reichstagswahl vom September 1930 nahmen Parlamentarismus- und Parteienkritik sowie die Befürwortung einer gestärkten Exekutive erheblich zu. Und so leitartikelte im Dezember selbst der »Vorwärts«, »daß dieser Reichstag eine Mißgeburt ist und daß man froh sein kann, wenn man von ihm nichts hört und nichts sieht.«[29]

Alle diese Äußerungen zeigen eines: Die Erosion des parlamentarischen Regierens und die innere Aushöhlung der Republik standen im Rahmen einer gesamtgesellschaftlichen Verschiebung der Koordinaten des politischen Systems und der politischen Kultur. Dies offenbarte sich nicht zuletzt eindeutig in den Wahlen: Die Mehrheit der Wähler lehnte die Republik ab. Diese Entwicklung in Deutschland steht ihrerseits im Rahmen einer gesamteuropäischen Entwicklung, die Paul Valéry einige Jahre später dahingehend beschrieb, daß die Idee der Diktatur offenbar »gegenwärtig so ansteckend« sei »wie im vorigen Jahrhundert die Idee der Freiheit«.[30]

---

26 Gustav Stresemann vor dem Zentralvorstand der DVP am 26. Februar 1929, in: Ders., *Vermächtnis. Der Nachlaß in drei Bänden*, hg. von Henry Bernhard, Bd. III, Berlin 1933, S. 428–433, hier S. 433.

27 Vgl. Gerhard Schulz, *Von Brüning zu Hitler. Der Wandel des politischen Systems in Deutschland 1930–1933*, Berlin/New York 1992, S. 253–257.

28 Ernst Feder, *Heute sprach ich mit ... Tagebücher eines Berliner Publizisten 1926–1932*, hg. von Cécile Lowenthal-Hensel und Arnold Paucker, Stuttgart 1971, S. 256.

29 Zit. nach Winkler, *Weimar* (wie Anm. 18), S. 397.

30 Zit. nach Klaus Hildebrand, *Das vergangene Reich. Deutsche Außenpolitik von Bismarck bis Hitler 1871–1945*, Stuttgart 1995, S. 564.

So weit war es 1930 noch nicht, doch geriet die Demokratie überall in mehr oder weniger fundamentale Legitimationskrisen. Wenn aber die Zeitgenossen, selbst die der Republik gegenüber loyalen, in repräsentativer Breite so dachten, dann ist dies als Rahmen ihres Denkens ernst zu nehmen, als Rahmen, der auch die Handlungsspielräume der Regierung absteckte.

Was Brüning letzten Endes wollte, läßt sich nicht wirklich klären. Er strebte jedenfalls nicht, wie er in seinen Memoiren behauptet hat und wie ihm immer wieder geglaubt worden ist, eine Wiederherstellung der Monarchie an.[31] Dies war eine rechtfertigende Erfindung (oder Erinnerungsverschiebung) aus den dreißiger Jahren, deren erwünschter Effekt sich unter den Vorzeichen der Bundesrepublik jedoch ins Gegenteil verkehrte.

Die Regierungspolitik Brünings läßt sich viel eher über seinen Staatssekretär Hermann Pünder erschließen, dessen Tagebuch sich wie eine Chronik der Reichskanzlei liest.[32] Ganz im Vordergrund stand die Sanierung der Reichsfinanzen; Verfassungsfragen, das Reparationsproblem oder die Außenpolitik waren diesem Ziel ursprünglich untergeordnet. Das Finanzprogramm, so die Sicht der Regierung, mußte durchgesetzt werden, und wenn nicht mit dem Reichstag, dann eben ohne ihn. Um der Funktionsfähigkeit und Effizienz des Regierungssystems willen suchte die Regierung eine Stärkung der Exekutive, wie etwa Außenminister Curtius im Juli 1930 sagte: »Es kommt jetzt überhaupt nicht mehr auf die Art und auf die Form des Regierens an, sondern es kommt überhaupt nur noch auf das Regieren an.«[33]

---

31 Vgl. dazu Andreas Rödder, Dichtung und Wahrheit. Der Quellenwert von Heinrich Brünings Memoiren und seine Kanzlerschaft, in: *Historische Zeitschrift* 265 (1997), S. 77–116.

32 Vgl. Hermann Pünder, *Politik in der Reichskanzlei. Aufzeichnungen aus den Jahren 1929–1932,* hg. von Thilo Vogelsang, Stuttgart 1961.

33 Julius Curtius vor dem Zentralvorstand der DVP am 4. Juli 1930, Bundesarchiv Koblenz, R 45 II/46, fol. 165.

Nachdem die Neuwahl des Reichstages im September 1930 den Nationalsozialisten erdrutschartige Zugewinne beschert hatte und selbst eine Große Koalition nicht mehr über eine absolute Mehrheit verfügt hätte, wurde die Regierung vorsichtiger und suchte Zusammenarbeit vor allem mit der SPD. Die Regierung müsse, so notierte Pünder am 25. September 1930, »ein gutes und solides, wohl durchdachtes Reformprogramm aufstellen«, um »im Parlament eine breite Basis für ein umfassendes Sanierungsprogramm zu schaffen«; wenn der Reichstag sich jedoch versage, müsse es eben mit dem Notverordnungsartikel 48 in Kraft gesetzt werden.[34] Brünings Regieren über den Parteien funktionierte ein Jahr lang nicht ohne Erfolg, bis der Kanzler dem zunehmenden Drängen des Reichspräsidenten, die politischen Gewichte nach rechts zu verlagern, zum Opfer fiel. Die Uhr war abgelaufen, von der Curtius im Oktober 1931 gesagt hatte: »Wir leben nicht nach dem Stunden-, sondern nach dem Minutenzeiger.«[35]

Die Alternative zu Brünings Krisenmanagement war nicht parlamentarisches, sondern autoritäreres Regieren oder eine nationalsozialistische Regierung. Bewertungsmaßstäbe von Parlamentarismus und Demokratie bundesdeutscher Prägung erklären hier viel weniger als eine behutsame Auslotung von Handlungsspielräumen und Alternativen. Angesichts der Schwäche des Parlamentarismus stellte eine Stärkung der Exekutive zumindest eine Option für die damals eben noch offene Zukunft dar. Ob ein solch gangbarer Ausweg, ob Brünings Kurs wieder einen sogenannten oder vermeintlichen »deutschen Sonderweg« einschlug, worüber sich streiten läßt, ist demgegenüber wenig bedeutungsvoll.

---

34 Pünder, *Reichskanzlei* (wie Anm. 32), S. 61.
35 Curtius gegenüber dem britischen Botschafter Horace Rumbold, Rumbold an den britischen Außenminister Reading, 7. Oktober 1931, *Documents on British Foreign Policy,* 2nd series, Bd. 2, S. 280.

VI.

Daß die Außenpolitik der Weimarer Republik nach Revision des Vertrags von Versailles strebte, hat ihr immer wieder die Kritik der Späterlebenden beschert. Denn der außenpolitische Revisionismus wird als Produkt des deutschen Nationalismus und als Störung des europäischen Nachkriegsfriedens angesehen; mehr oder weniger explizit formuliert, werden nicht nur internationale Verständigungsbemühungen, sondern auch der Verzicht auf revisionistische Ziele als Maßstab für eine positive Bewertung der Weimarer Außenpolitik angelegt. Verständigung und Revision werden als reziproke Größen der Weimarer Bilanz gehandelt.[36]

Doch für die Zeitgenossen gehörten Verständigung und Revision unbedingt zusammen. Gustav Stresemanns Außenpolitik, die als Verständigungspolitik gern in einer positiven Kontinuität von Weimar nach Bonn gesehen wird[37], läßt trotz manch anderslautender Interpretationen nicht verläßlich erkennen, daß die Berliner Politik ihre Revisionsziele in zentralen Punkten zurückgenommen hätte.

Stresemanns vordringlichstes Revisionsziel lag in einer vorzeitigen Beendigung der vertragsgemäß bis 1935 andauernden Besatzung des Rheinlandes. Dieses Petitum brachte er in das Gespräch mit dem französischen Außenminister Briand am 17. September 1926 in Thoiry ein, als beide über eine »Gesamtlösung

---

36 Vgl. dazu etwa Peter Krüger, *Die Außenpolitik der Republik von Weimar,* 2. Aufl. Darmstadt 1993 (zuerst 1985), bes. S. 215–217, 503f., 519–523 und 551–555; Christian Baechler, *Gustave Stresemann (1878–1929). De l'impérialisme à la sécurité collective,* Straßburg 1996, S. 894–901; zugespitzter Harald von Riekhoff, *German-Polish Relations, 1918–1933,* Baltimore/London 1971, S. 381f. und 385, oder gar Hermann Graml, Präsidialsystem und Außenpolitik, in: *Vierteljahrshefte für Zeitgeschichte* 21 (1973), S. 134–145.

37 So explizit Krüger, *Außenpolitik von Weimar* (wie Anm. 36), S. 215–217 und 555, sowie Baechler, *Stresemann* (wie Anm. 36), S. 901f.

aller Fragen« sprachen, »die zwischen Deutschland und Frankreich« standen.[38] Die vorzeitige Räumung des Rheinlandes erreichte Stresemann 1929 in Verbindung mit dem Young-Plan, der die Reparationen in Form einer Verringerung der jährlichen Zahlungsverpflichtungen revidierte; die Frage einer völligen Abschaffung der Reparationen stellte sich in diesen Monaten noch nicht; doch daß der Young-Plan kein »eternal gospel« sein würde, wie der britische Premierminister MacDonald zwei Jahre später formulierte[39], dürfte auch Stresemann klar gewesen sein.

Weiterhin standen auf Stresemanns Revisionsagenda die Aufhebung der Militärkontrolle über Deutschland, die vorzeitige Rückgabe des Saargebietes; gegenüber dem früheren Kronprinzen sprach er zudem vom Schutz der Auslandsdeutschen und dann vom möglichen »Anschluß Deutsch-Österreichs« und vor allem von der »Korrektur der Ostgrenzen: die Wiedergewinnung Danzigs, des polnischen Korridors und eine Korrektur der Grenze in Oberschlesien«.[40] So sehr Stresemann in diesem berüchtigten Brief zu unrepräsentativen Worten neigen mochte, so sehr stand doch eine Revision der Ostgrenze – nicht die Wiederherstellung der Grenzen von 1914, aber eine Wiedereingliederung der mehrheitlich deutsch besiedelten Gebiete in das Deutsche Reich – ganz außer Frage.[41] Der britische Botschafter

---

38 Vgl. Stresemanns Aufzeichnung vom 20. September 1926, *Akten zur deutschen auswärtigen Politik,* Serie B, Bd. I,2, S. 202–210, hier 203.

39 Aufzeichnung des amerikanischen Außenministers Stimson über ein Gespräch mit MacDonald vom 7. August 1931, *Papers Relating to the Foreign Relations of the United States 1931,* Bd. I, S. 516.

40 Stresemann an den ehemaligen Kronprinzen, 7. September 1925, in: Ders., *Vermächtnis* (wie Anm. 26), Bd. II, Berlin 1932, S. 553–555, hier 553.

41 Vgl. dazu Stresemann an die deutsche Botschaft in London, 19. April 1926, *Akten zur deutschen auswärtigen Politik,* Serie B, Bd. II,1, S. 363–376; vgl. auch Rödder, *Stresemanns Erbe* (wie Anm. 17), S. 164f.

Rumbold bemerkte, er habe noch keinen Deutschen »of any authority« getroffen, der die deutsch-polnische Grenze als endgültig zu akzeptieren bereit sei.[42]

Fragen der Rüstung standen zu Stresemanns Amtszeit noch nicht an, sondern waren für die internationale Agenda der frühen dreißiger Jahre vorgesehen. Weniger auf militärische Macht, setzte Stresemann aber ohnehin nicht zuletzt auf andere Instrumente: »Ich glaube, die Benutzung weltwirtschaftlicher Zusammenhänge, um mit dem Einzigen, womit wir noch Großmacht sind, mit unserer Wirtschaftsmacht, Außenpolitik zu machen, ist die Aufgabe.«[43]

Was ihn von vielen seiner Zeitgenossen unterschied und seine historische Bedeutung ausmacht, sind seine außenpolitischen Methoden, diesen in den Zielen weitestgehend geteilten Revisionismus wesenhaft mit internationaler Verständigung zu verbinden und sich um eine Vereinbarung der verschiedenen internationalen Interessen, um eine Harmonisierung von deutschem Revisionismus und der deutschen Großmacht mit der europäischen Ordnung zu bemühen. Daher ist es auch weit mehr als diplomatische Äußerlichkeit, wenn er betonte, »daß wir Deutsche zu wenig oder kein Verständnis haben für das, was der Franzose die schöne Geste nennt. Das ist uns überhaupt nicht eigen, und das schadet uns außenpolitisch ganz ungemein. Wir können nicht höflich und liebenswürdig sein, ohne im eigenen Volk sofort angegrobst [sic] zu werden. Wir können nicht Weltpolitik treiben mit der Idee: es soll sich keiner mit den Kerlen irgendwie zusammensetzen.«[44]

---

42 Rumbold an das Foreign Office, 28. Februar 1930, *Documents on British Foreign Policy,* Series IA, Bd. VII, S. 487.
43 Rede Stresemanns vor dem Zentralvorstand der Deutschen Volkspartei, 22. November 1925, hg. von Henry A. Turner, in: *Vierteljahrshefte für Zeitgeschichte* 15 (1967), S. 416–436, hier 434.
44 Ebda., S. 426.

Das Spezifikum von Stresemanns Außenpolitik war die Legierung von internationaler Verständigung und nationalem Revisionismus. Aus den Quellen ist nicht zu erkennen, daß Stresemann, der mit gutem Grund als verläßlicher (Vernunft-)Republikaner der gemäßigten Mitte und somit als Gradmesser für das republiktreue politische Denken von Weimar anzusehen ist, an einem dieser Ziele substantielle Abstriche gemacht hätte. Die deutsche Nation, die für ihn ungebrochene Bedeutung besaß, zur gleichberechtigten europäischen Großmacht zu machen war für ihn kein Widerspruch zu einer internationalen Friedensordnung und einer »Politik vernünftiger Verständigung«.[45] Revisionismus und nationale Größe gehörten unterdessen ganz unangezweifelt zur politischen Kultur der Zeitgenossen von Weimar.

VII.

Im Zentrum der Kritik an Heinrich Brünings Kanzlerschaft steht immer wieder seine Wirtschafts- und Finanzpolitik in Verbindung mit der Reparationspolitik. Er habe, so der gängige Vorwurf, auf eine wirksame Bekämpfung der Krise im Inneren verzichtet, er habe die Krise vielmehr sogar noch bewußt verschärft, weil sein Ziel zuallererst in der Abschaffung der Reparationen gelegen habe.[46] Daß eine solche Politik zynisch war und erheb-

---

45 Stresemann vor dem Parteitag der Deutschen Volkspartei am 2. September 1926 in Köln, Politisches Archiv des Auswärtigen Amts, Nachlaß Stresemann Bd. 44, H 162597.

46 So etwa Carl-Ludwig Holtfrerich, Alternativen zu Brünings Wirtschaftspolitik in der Weltwirtschaftskrise, in: *Historische Zeitschrift* 235 (1982), S. 605–631, bes. S. 631; Krüger, *Außenpolitik von Weimar* (wie Anm. 36), S. 539–545; Mommsen, *Verspielte Freiheit* (wie Anm. 5), S. 367f., 370 und 385f.; zuerst: Wolfgang J. Helbich, *Die Reparationen in der Ära Brüning. Zur Bedeutung des Young-Plans für die deutsche Politik 1930 bis 1932,* Berlin 1962, S. 32–43, 51–56, 58f. und 61.

lich zur Destabilisierung der gesellschaftlichen und politischen Ordnung mit all den bekannten Folgen beitrug, liegt auf der Hand.

Abgesehen davon, daß das (Brüning zugeschriebene) Kalkül, einen Gläubiger durch Erfüllung der eigenen Zahlungsverpflichtung von der eigenen Zahlungsunfähigkeit zu überzeugen, nicht ohne weiteres nachvollziehbar ist, konnte es Brüning den Historikern gar nicht recht machen. Denn wenn er eine aktivere Krisenbekämpfungspolitik betrieben hätte – deren zu vermutende Effekte zumindest zu diskutieren sind[47] –, dann hätte er dafür Geld benötigt. Dafür hätten aber die Reparationszahlungen, die sich immerhin auf etwa ein Siebtel des Reichshaushaltes beliefen, ausgesetzt werden müssen. Abgesehen davon also, daß eine Revision der Reparationen für eine aktive Krisenbekämpfung nötig gewesen wäre, hätte Brüning dann aber den Vorwurf sowohl der internationalen Politik als auch der Historiker auf sich gezogen, den außenpolitischen Revisionismus zu verschärfen.

Aus alledem wird vielmehr deutlich, daß die Regierung Brüning in der Tat in »Zwangslagen« zwischen Wirtschafts-, Innen- und Außenpolitik steckte, die nur die Wahl zwischen Übeln ließen und ihr überhaupt nicht den Spielraum eröffneten, den ökonomischen ebenso wie den gesellschaftlichen und schließlich auch den politischen Prozeß zu steuern und die Wirtschaftskrise einfach zu instrumentalisieren. Und vor allem: Dies war auch keineswegs ihr ursprüngliches Kalkül und ihre Politik, die sich aus den Quellen eindeutig beschreiben läßt.

Ganz im Vordergrund der Regierungspolitik stand die Sanierung der Reichsfinanzen. Auf dieser Basis sollte, dies war ein abgeleitetes Kalkül, mittelfristig eine Revision, das heißt eine

---

47 Dazu pointiert Borchardt, *Zwangslagen* (wie Anm. 13), S. 173f.

Abschaffung der Reparationen in Angriff genommen werden. Der im Herbst 1930 immer lauter werdende Ruf nach einer Revision der Reparationen – in der Reichskanzlei ging eine Flut von Petitionen von den Gewerkschaften über den württembergischen Landtag bis hin zum Berliner Frauenverein gegen Alkoholismus ein[48] – war der Regierung zunächst ein »ungebetener Gast«.[49] Um die als notwendig erachteten Sparmaßnahmen innenpolitisch durchsetzen zu können, beugte sich die Regierung jedoch dem inneren Druck und setzte das Problem auf die internationale Tagesordnung, ohne indessen eine aktive Revision zu forcieren oder gar internationale Verträge in Frage zu stellen. Am Spagat zwischen dem innenpolitisch Nötigen und dem außenpolitisch Möglichen drohte sich die Regierung zu überdehnen, bis ihr die britische und dann vor allem die amerikanische Regierung mit ihrem Vorschlag eines befristeten Moratoriums im Juni 1931 zu Hilfe kam. Die US-Regierung wußte die deutschen Anstrengungen zu schätzen, wie Außenminister Stimson über ein Gespräch mit Präsident Hoover Ende Dezember 1930 festhielt: Deutschland suche eine Reduzierung seiner Reparationsverpflichtungen »in a very fair way, because she had been making a very honest attempt to get along this winter on her own resources and [...] she was putting through a program of retrenchment which really cut to the bone.«[50]

Seit dem Herbst 1931, aber erst dann, nahm die komplette Abschaffung der Reparationen zunehmend eigenständige, in den letzten Monaten der Kanzlerschaft Brünings im Zeichen sich weiter auftürmender innerer Schwierigkeiten fast manisch

---

48 Vgl. dazu Rödder, *Stresemanns Erbe* (wie Anm. 17), S. 227.
49 Curtius, Reichstagsrede vom 10. Februar 1931, *Stenographische Berichte der Verhandlungen des Deutschen Reichstags,* Bd. 444, S. 883A.
50 Tagebuchaufzeichnung Stimsons vom 28. Dezember 1930, Stimson, *Diaries,* Institut für Zeitgeschichte München, MA 1424/1, X/257f.

fixierte Züge an. Dies aber war ein abgeleitetes Problem, nicht der Ursprung der Reparationspolitik.

Nicht als bewußte Politik vormoderner Eliten oder undemokratischer Politiker, sondern vielmehr als Krisenmanagement der ganz kurzen Fristen, als Politik, die der Probleme nicht mehr Herr zu werden vermochte, wirft die Reparationspolitik zusammen mit der Innen-, Verfassungs- und Außenpolitik ganz wesentliche Fragen nach der Steuerbarkeit historischer Prozesse in Krisensituationen auf. Daß sich historische Prozesse zuweilen möglicherweise kaum steuern lassen, redet dabei keinem historischen Fatalismus das Wort, sondern verweist auf Dimensionen des Geschichtlichen, die der stabilen Wohlfahrtsdemokratie der Bundesrepublik bis zur Wiedervereinigung gar nicht vor Augen standen. Die ökonomischen wie auch die internationalen Probleme der neunziger Jahre mögen unterdessen die Sensibilität nicht nur für die Verwerfungen und Untiefen des Geschichtlichen befördern, sondern auch das Verständnis für die Zeitgenossen von Weimar.

VIII.

Die politische Kultur der Weimarer Republik, die es als solche und als einheitliche Größe natürlich nicht gab, wurde von ganz anderen Koordinaten bestimmt als die bundesdeutsche. Zunächst war der Erfahrungshintergrund ein ganz anderer: Die Zeitgenossen hatten eben keine Erfahrung im Umgang mit einer schier unüberwindlichen Wirtschaftskrise, verfügten nicht über das Wissen um eine totalitäre nationalsozialistische Diktatur mit ihrem alle Vorstellungen sprengenden Vernichtungskrieg, sondern standen unter dem Eindruck einer als im großen und ganzen glücklich empfundenen Vergangenheit. Sie kannten nicht den Zwang zum vollständigen materiellen wie moralischen Wiederaufbau auf den Trümmern des Nationalstaats im Zeichen atomarer Bedrohung unter der Vorherrschaft der Supermächte, und sie erlebten auch nicht die Möglichkeit zum Aufbau einer parlamentarischen Demokratie unter wirtschaftlich prosperierenden Bedingungen und der stabilisierenden Aufsicht demokratischer Mächte.

Die politische Kultur in der Weimarer Republik stand vielmehr – über die geistigen Gräben einer zerfurchten Gesellschaft hinweg – im Zeichen von oft mehr raunend erahnten als sachlich bewußten und daher auch im einzelnen ganz unterschiedlich gefüllten Ideen wie »Volksgemeinschaft« und »Führer«, »Einheit« und »Ganzheit«, »Willenskraft« und »Tat«. Ein hervorstechender Zug der Zeit war der »Hunger nach Ganzheit«, der sich, so Peter Gay, aus der »Angst vor Modernität« speiste: »ein verzweifeltes Verlangen nach Verwurzelung und Gemeinschaft, eine heftige, häufig bösartige Ablehnung der Vernunft, begleitet von dem Drang nach unmittelbarer Aktion oder nach Kapitulation vor einem charismatischen Führer«.[51] »Hunger nach Ganzheit« verspürten aber nicht nur die Feinde der Moderne, wie Gays assoziative Beobachtungen und modernisierungstheoretische Wertungen nahelegen. »Hunger nach Ganzheit«, wenn auch in höchst unterschiedlichen Geschmacksrichtungen, nährte nicht nur die Idee von der Volksgemeinschaft, an die die Nationalsozialisten anknüpfen konnten, sondern auch die Anthroposophie und die Waldorfpädagogik und zum Teil sogar die Avantgardisten der Weimarer Moderne, das Bauhaus. Nichtsdestoweniger zieht sich eine breite Spur der Skepsis und der Ablehnung gegenüber der Moderne durch die Republik, und an beidem wurden die Zeitgenossen in der großen Krise der frühen dreißiger Jahre nachgerade irre.

---

51 Peter Gay, *Die Republik der Außenseiter. Geist und Kultur in der Weimarer Zeit 1918–1933,* Frankfurt a. M. 1970 (zuerst engl. 1968), S. 130.

Eine solche Interpretation und historische Würdigung der Weimarer Republik aus sich selbst heraus fällt angesichts unseres Wissens um die unvergleichlichen, aber eben nicht zwangsläufigen Folgewirkungen intellektuell und auch moralisch nicht leicht. Sie widerstrebt auch den allgemein geteilten politischen Auffassungen der Nachkriegszeit. Dies hängt in erster Linie damit zusammen, daß sich die politische Kultur der Bundesrepublik nach dem Zweiten Weltkrieg im Zuge der keineswegs nur politischen, militärischen und ökonomischen, sondern insbesondere gesellschaftlichen, kulturellen und geistigen Westbindung ganz wesentlich verändert hat. Die Westorientierung nach 1945 ist der vielleicht einschneidendste, zumindest nachhaltigste Veränderungsprozeß der jüngeren deutschen Geschichte. Umgekehrt aber bedeutet dies, daß uns die Weimarer Republik ferner ist, als es die vermeintliche Nähe zweier deutscher Republiken scheinen läßt. Erst in dieser Ferne aber kommen wir ihr wieder näher.

Weimarer Kultur und Bürgerrechte
von
Michael Stolleis

I.

Vor achtzig Jahren, vom 4. März bis zum 2. Juni 1919, fand die erste Beratung des Regierungsentwurfs der neuen Verfassung in der Weimarer Nationalversammlung statt. In der Frage der »Grundrechte« gab es erhebliche Meinungsverschiedenheiten, die nur zu verstehen sind, wenn man sich an die Vorgeschichte erinnert, die den damaligen Diskutanten noch viel deutlicher präsent war als uns heute.

Den Mitgliedern des sogenannten Verfassungsausschusses (8. Ausschuß) in Weimar war in groben Zügen gegenwärtig, daß sie in einer langen Tradition standen. Die Grundrechtskataloge der Paulskirche (1849) und der preußischen Verfassungen (1848/50) waren ihnen ebenso geläufig wie die europäischen Verfassungen des Vormärz, die französischen und amerikanischen Verfassungen des letzten Drittels des 18. Jahrhunderts, sowie deren ältere englische Vorläufer (Petition of Rights 1628, Agreement of the People 1647, Habeas Corpus Act 1679, Declaration of Rights 1689), hinter denen wiederum die ehrwürdige

Magna Charta von 1215 aufleuchtete. Sie wußten vielleicht auch, wenn sie Georg Jellineks wichtige Abhandlung über die Erklärung der Menschen- und Bürgerrechte von 1895 gelesen hatten, daß es wesentliche niederländische, spanische, italienische und deutsche Beiträge vom 16. bis zum 18. Jahrhundert gegeben hatte. Allen Gebildeten war klar, daß die Ideen von Menschen- und Bürgerrechten ein europäisches Gemeinschaftswerk darstellten und daß es nun die Aufgabe der Nationalversammlung sei, in einer Art »Stunde Null« des *pouvoir constituant* diese Tradition aufzunehmen und sie zu einem Gründungsdokument einer bürgerlichen, republikanischen und demokratischen Gesellschaft umzuschreiben.

Wie in der Paulskirche spürte man damals in Weimar, daß der Abschnitt über die Grundrechte, wenn es denn einen geben sollte, prädestiniert war, den »Geist« der Verfassung auszudrücken. Hugo Preuß wollte zunächst – nach dem Vorbild der Bismarck-Verfassung von 1871 und der des Norddeutschen Bundes von 1867 – gar keine Grundrechte, arbeitete aber dann (zögernd) 12 Grundrechtssätze aus. Friedrich Naumann versuchte einen volkstümlichen Katalog von Merksätzen zu entwickeln, und er scheiterte damit. Konrad Beyerle (1872–1933), damals Rechtshistoriker in München und Politiker der Bayerischen Volkspartei, entwickelte dann aus dem Grundrechtskatalog der Paulskirche, auch unter Verwendung des Naumannschen Textes, den Grundlagentext, aus dem der Zweite Hauptteil der Weimarer Verfassung entstehen sollte. Dieser Zweite Hauptteil wiederum ist dann das Fundament für die Grundrechtsartikel des Grundgesetzes geworden. Insofern bewegen wir uns, wenn wir achtzig Jahre später an die Grundrechte der Weimarer Verfassung erinnern, im Zentrum unserer eigenen Rechtskultur. Denn es ist kein Zweifel: Die Grundrechte – in der nun fast hundert Bände umfassenden Rechtsprechung des Bundesverfassungsgerichts – sind das geistige Zentrum des Grundgesetzes

geworden. Sie sind die Maßstäbe, an denen immer erneut die
Distanzen zwischen Staat und Gesellschaft vermessen werden,
an ihnen bauen sich Bürgerrechtsbewegungen auf, an ihnen
scheitern Gesetze. Auf sie berufen sich die Deutsche Bischofs-
konferenz und die Naturschützer, die Abtreibungsgegner und
deren Befürworter, die freie Presse und der Ehrenschutz, die Ver-
fechter des Religionsunterrichts für Muslime, das Berufsbeamtentum und die Freikörperkultur, die Autofahrer (»Grundrecht
auf freie Fortbewegung«), die Raucher und die Nichtraucher.

Zu solchem Kleingeld waren die Grundrechte allerdings noch
nicht umgetauscht worden, als man sie vor achtzig Jahren in
Weimar beriet. Die Mitglieder des Verfassungsausschusses ver-
suchten vielmehr das Kunstück, sowohl den politischen Appell-
charakter als auch den juristischen Gehalt der Grundrechte zu
bewahren. Das bedeutete ein Nebeneinander von klassischen
Abwehrrechten, politischen Programmsätzen, institutionellen
Garantien und Institutsgarantien, Fundamentalnormen einerseits und zeitgebundener Detailregelung andererseits. Auch
politisch war der Zweite Hauptteil der Weimarer Verfassung ein
Novum. Er enthielt nebeneinander klassische Elemente des bürgerlichen Liberalismus, Restbestände des Rätegedankens,
Sozialisierungsversprechen und vage Gesetzgebungsaufträge
sowie Elemente von Staatsethik.

II.

Im folgenden darf dieser Teil der Weimarer Verfassung als
bekannt vorausgesetzt werden. Das erlaubt die Konzentration
auf die politische und wissenschaftliche Verarbeitung dieser
Grundrechte. Es geht dabei um ein Stück Verfassungsgeschichte
zwischen Bonn und Weimar, bei dem nicht, wie sonst üblich,
vom »Scheitern« Weimars gesprochen werden muß. Das Grund-

gesetz hat die Grundrechte der Weimarer Verfassung im wesentlichen übernommen, stärker gestrafft, mit direkter Rechtswirkung und mit Sicherungen versehen (Art. 19 GG). Dagegen hat es mit wesentlichen Positionen des Ersten Hauptteils der Weimarer Verfassung gebrochen und versucht, die dort vorhandenen oder vermeintlichen Fehler zu korrigieren, etwa bei der Relation zwischen Präsidenten und Kanzler, beim Mißtrauensvotum, beim Oberbefehl über die Streitkräfte, bei der Regelung des Notstandsfalls, im Wahlrecht oder bei der Ausgestaltung des Föderalismus. Insofern hat die Weimarer Verfassung mit ihren beiden Hauptteilen durchaus unterschiedlich auf das Grundgesetz gewirkt.

Doch auch im Bereich der Grundrechte gibt es eine wesentliche Differenz. Unter der Weimarer Verfassung konnten die Grundrechte in Ermangelung einer »grundrechtsaktivierenden« Verfassungsbeschwerde und angesichts der allgemeinen Meinung, sie wirkten nicht direkt auf das Rechtsleben ein, nur bedingt Rechtscharakter annehmen. Die Republik hatte zwar einen Staatsgerichtshof für das Deutsche Reich und einen Staatsgerichtshof zum Schutze der Republik,[1] aber keine Verfassungsgerichtsbarkeit. Deshalb war es vor allem die Staatsrechtswissenschaft, die dem Verfassungstext Profil gab, die die Grundrechte ausbuchstabierte und das geistige Klima schuf, um sie in die Praxis umzusetzen. Durch Gutachten und direkte Politikberatung war sie, anders als etwa die Nationalökonomie, in der Lage, relativ direkt auf die Entscheidungsfindung einzuwirken.

Die deutsche Staatsrechtslehre des Jahres 1919 war allerdings auf die Aufgabe der Interpretation des zweiten Hauptteils der

---

1 Chr. Gusy, *Weimar – die wehrlose Republik? Verfassungsschutzrecht und Verfassungsschutz in der Weimarer Republik,* Tübingen 1991; I. J. Hueck, *Der Staatsgerichtshof zum Schutze der Republik,* Tübingen 1996.

Verfassung schlecht vorbereitet. Die Mehrzahl ihrer 40 bis 50 Vertreter, die um 1919 auf Lehrstühlen saßen, hatte sich mit den Grundrechten kaum beschäftigt. Die Bismarckverfassung bot für Erörterungen der Grundrechte keinen Anhaltspunkt, und die Länderverfassungen waren in ihrer Bedeutung stark abgesunken. Die »bismarcktreue« Staatsrechtslehre lehnte Grundrechte entweder als überflüssig ab (Ph. Zorn), betrachtete sie als »gleißende Spielwaren für politische Kinder« (F. v. Liszt) oder tröstete sich mit dem Gedanken, daß in einem Rechtsstaat auch gesetzliche Garantien genügten, zumal der Unterschied von Verfassungsgesetz und Parlamentsgesetz damals kaum ausgebildet war.[2] Entsprechend gering war das wissenschaftliche Interesse, nicht nur an der Dogmatik der Grundrechte, sondern auch an deren Geschichte.[3] Georg Jellinek in Heidelberg bildete mit seiner erwähnten Abhandlung von 1895 die große Ausnahme. Mit ihm und seiner Monographie über das »System der subjektiven öffentlichen Rechte« (1892, 2.Aufl. 1905) beginnt in Deutschland die »Grundrechtstheorie«.

Nun, nachdem die Weimarer Verfassung am 11. August 1919 in Kraft getreten war, erschienen die kleinen und großen Kommentare, die ersten Lehrbücher und Repetitorien, es wurden Reden zum Verfassungstag gehalten, und man begann in den Hörsälen der Universitäten zum ersten Mal, Vorlesungen über Grundrechte zu halten.

Verglichen mit den heutigen Dimensionen einer aus allen Bücherregalen quellenden Literatur waren dies allerdings dünne

---

2 E. R. Huber, Grundrechte im Bismarckschen Reichssystem, in: Ders., *Bewahrung und Wandlung. Studien zur deutschen Staatstheorie und Verfassungsgeschichte*, Berlin 1975, S. 132–151.
3 Relativ einsam noch die Dissertation von F. Giese, *Die Grundrechte*, Tübingen 1905; hierzu M. Stolleis, Friedrich Giese, in: B. Diestelkamp/M. Stolleis (Hgg.), *Juristen an der Universität Frankfurt am Main*, Baden-Baden 1989, S. 117–127.

Rinnsale, die auch noch ungleich flossen. Ich unterscheide bei der wissenschaftlichen Aneignung der Grundrechte in der Weimarer Zeit drei Phasen.[4] Die erste, die von 1919 bis etwa 1924 reicht, ist gekennzeichnet von einer Mischung aus Kritik und Nichtbeachtung. Die Grundrechte wurden hier noch nicht allgemein als Rechtssätze verstanden, man sah eher die unjuristischen, unsystematischen und politischen Seiten jener Artikel.[5] Außerdem muß ohnehin mit einer gewissen Schwerfälligkeit bei der Adaption neuer Materien gerechnet werden.

Nach Überwindung des Krisenjahrs 1923 begann eine zweite Phase, in der die Grundrechte als klassische subjektiv-öffentliche Rechte erhöhter Geltungskraft entdeckt und systematisiert wurden, und zwar durch die Heidelberger Staatsrechtler Gerhard Anschütz und Richard Thoma einerseits, den Bonner und dann Berliner Staatsrechtler Carl Schmitt andererseits.[6] Besondere Schubkraft erhielt diese zweite Phase durch die beiden Tagungen der Staatsrechtslehrer über den Gleichheitssatz und die Meinungsfreiheit.[7] In ihr sehen wir auch die Entwicklung einer

---

4   Zum folgenden M. Stolleis, *Geschichte des öffentlichen Rechts in Deutschland.* Dritter Band: *Staats- und Verwaltungsrechtswissenschaft in Republik und Diktatur 1914–1945,* München 1999, S. 109ff.

5   Scharf gegen Grundrechte W. Hofacker, *Grundrechte und Grundpflichten der Deutschen,* Stuttgart 1926.

6   G. Anschütz, *Die Verfassung des Deutschen Reichs,* 14. Aufl. Berlin 1933 (Nachdruck Darmstadt 1960), Vorbemerkung vor Art. 109; R. Thoma, Die juristische Bedeutung der grundrechtlichen Sätze der deutschen Reichsverfassung im allgemeinen, in: H.C. Nipperdey (Hg.), *Die Grundrechte und Grundpflichten der Reichsverfassung,* Erster Band, Berlin 1929, S. 1–53; Ders., Das System der subjektiven öffentlichen Rechte und Pflichten, in: G. Anschütz/R. Thoma, *Handbuch des Deutschen Staatsrechts,* Zweiter Band, Tübingen 1932, § 102; C. Schmitt, *Verfassungslehre* (1928), 5. unveränd. Aufl. Berlin 1970, § 14.

7   *Veröffentlichungen der Vereinigung der Deutschen Staatsrechtslehrer* (VVDStRL) 3 (1927) mit Referaten von E. Kaufmann und H. Nawiasky, VVDStRL 4 (1928) mit Referaten von K. Rothenbücher und R. Smend.

»grundrechtsoptimierenden« Auslegungsmaxime sowie ihre theoretische Begründung als spezifizierende Entfaltung eines vorkonstitutionellen »allgemeinen Freiheitsrechts«.[8] Es wurde erstmals klar, daß zwischen Grundrecht und beschränkendem einfachen »allgemeinen Gesetz« eine Wechselwirkung stattfinden müsse, damit das garantierte Grundrecht davor bewahrt werde, »leerzulaufen«. Nun unterschied man zwischen Abwehr- und Leistungsgrundrechten, institutionellen Garantien und Gesetzgebungs- bzw. gesetzlichen Konkretisierungsaufträgen. Insbesondere Hans Carl Nipperdeys Kommentarwerk der Grundrechte und Carl Schmitts Verfassungslehre haben insoweit klärend gewirkt.

Die dritte Phase reicht vom ersten Präsidialkabinett Brünings bis zu der Außerkraftsetzung der Grundrechte durch die Nationalsozialisten durch die Notverordnungen des Reichspräsidenten vom 4. und 28. Februar 1933. In dieser Phase wurden die Grundrechte, soweit sie überhaupt noch Beachtung fanden, als Kampfmittel gegen die Notverordnungen eingesetzt, um deren Verfassungswidrigkeit zu begründen. Für die Anhänger der Republik konzentrierte sich in den Grundrechten der »Wesensgehalt« der Verfassung; für ihre Gegner waren die den Staat hemmenden Grundrechte verächtliche Restbestände des bourgeoisen 19. Jahrhunderts, die in der kommenden Gemeinschaft zu verschwinden hatten.

Die Ursachen dieser wissenschaftlichen Konjunktur der Grundrechte sind komplex. Zunächst mochte es überraschen,

---

8   R. Thoma, *Die juristische Bedeutung* (wie Anm. 6), formulierte die Regel, die Grundrechte seien im Zweifel so auszulegen, daß sich »die juristische Wirkungskraft der betreffenden Norm am stärksten entfaltet«; tendenziell ähnlich, wenn auch mit anderer Intention zuvor R. Smend, *Verfassung und Verfassungsrecht,* München und Leipzig 1928, Dritter Teil, 1: Die Auslegung der Verfassung als Ganzes.

daß die als Schutzwälle gegen den Absolutismus entwickelten Grundrechte auch gegen ein vom Volk gewähltes Parlament und eine demokratisch legitimierte Verwaltung bedeutungsvoll sein sollten. Doch ließ eben der vielbeschworene »Parlamentsabsolutismus« politische Gegner der Parlamentsmehrheit und Minderheiten zu den Grundrechten greifen. Und solange eine insoweit durchgreifende Verfassungsgerichtsbarkeit fehlte, mußten ein entsprechend verstärktes richterliches Prüfungsrecht und die von der Wissenschaft unterstützte Auslegung der Grundrechte Ersatz liefern.

In der Diskussion nach den Referaten von Rothenbücher und Smend auf der Tagung der Staatsrechtslehrer von 1927 hat Triepel eine Zwischenbilanz zur Lage der Grundrechtstheorie gegeben: »Es ist in der Tat eigentümlich«, sagte er, »wie stark heute im Gegensatze zu früher die Grundrechte beachtet werden. Woran liegt das? Einmal an äußeren Gründen. Die Weimarer Verfassung hat ja fast die Hälfte ihrer Artikel auf die Grundrechte verwendet. Die inneren Gründe liegen in der Umgestaltung des Staatswesens und darin, daß der Bürger in der demokratischen Republik auf ›Freiheitsrechte‹ besonderen Wert zu legen Anlaß hat«.[9] Auch er habe sich früher, so fuhr er fort, weniger mit den Grundrechten beschäftigt und sie »mit einer gewissen Geringschätzung angesehen. [...] Mehr und mehr finde ich jetzt, daß die Grundrechte eine unmittelbare Notwendigkeit, zum mindesten eine äußerst notwendige Stütze geworden« seien.

An diesem wichtigen Zeugnis ist besonders die Verknüpfung mit der Methodendebatte bemerkenswert. Die antipositivistische Richtung der Staatsrechtslehre entdeckte die Grundrechte als »legalisierte Wertungen« (Triepel), wenn nicht gar als Wertesystem, das immer weiter ausgebaut und durch Querverbin-

---

9 VVDStRL 4 (1928), S. 89.

dungen befestigt wurde. Da es an der Spitze der Normhierarchie stand, konnte es jederzeit gegen den Gesetz- und Verordnungsgeber eingesetzt werden. Diese antipositivistische und damit antiparlamentarische Funktion der Grundrechte verstärkte sich noch, wenn es gelang, bestimmte Lücken im Grundrechtsschutz durch »objektive Garantien« zu schließen. Die Entdeckung garantierter Rechtsinstitute oder sachlich und personell verfestigter Institutionen erfüllte diesen Bedarf. Damit konnte, so hoffte man, der Dynamik der Inflation und dem raschen Wechsel des politischen Geschehens ein Damm entgegengestellt werden. Wenn Ehe, Eigentum und Erbrecht sowie das Berufsbeamtentum als institutionelle Garantien oder »Institute« gesichert waren, dann bedeutete dies eben die Sicherung der bürgerlichen Ordnung durch »Objektivierung«.

Theoretisch war die Spannungslage mit dem Prinzip der Volkssouveränität als selbstauferlegte Beschränkung der Demokratie, als Verfassungsbindung des Parlaments zu verstehen, gleichviel ob dies von antidemokratischen Kräften ausgenutzt wurde oder nicht.[10] Die Demokratie sollte gewissermaßen das Freiheitsgesetz, nach dem sie angetreten war, im Interesse des Schutzes Schwächerer nicht übertreten dürfen. Über diese Schutzwirkung hinaus betonte vor allem Rudolf Smend in seiner Integrationslehre, die Grundrechte wirkten als feierliche Deklarationen eines Wertekanons an der »sachlichen Integration« mit.[11] In jedem Fall dienten die hier mobilisierten »legalisierten Wertungen« eher der Blockierung von Innovation denn als Antriebsmittel für Reformen.

---

10 Thoma, *Die juristische Bedeutung* (wie Anm. 6), S. 9.

11 R. Smend, *Verfassung und Verfassungsrecht,* Dritter Teil, Berlin 1928; kritisch hierzu Thoma, *Die juristische Bedeutung* (wie Anm. 6), S. 9ff. Siehe auch C. H. Ule, Über die Auslegung der Grundrechte, in: *Archiv des öffentlichen Rechts* 60 (1932), S. 37ff.

War man so weit gediehen, die Grundrechte zu einer objektiven, alles Recht umfassenden Wertordnung zusammenzuschmieden, dann mußte ihr auch der Gesetzgeber gehorchen. Anschütz hatte es in der umstrittenen Frage, ob eines der wichtigsten Grundrechte, der Gleichheitssatz (Art. 109 WRV), auch den Gesetzgeber binden solle[12], klar ausgesprochen: Wer den Gesetzgeber an die Grundrechte zu binden suche, folge »einem politischen Werturteil, einem anscheinend tiefgehenden Zweifel an der Fähigkeit herrschender Parlamentsmehrheiten zur Objektivität«.[13] Aber auch wer diesen Zweifel teilte, konnte als Demokrat mit einem »mißlungenen« Gesetz leben: Der Gesetzespositivist Anschütz war bereit, eine durch Ungleichheit »ungerechte« Gesetzgebung als gültig zu akzeptieren. Das hatte den Vorteil der Klarheit im Vergleich zu einer Abwägung nach verschwommenen Kriterien durch unterschiedliche Richter, den Vorteil der Legitimation durch den Mehrheitswillen, aber auch der Übereinstimmung mit der Tradition.

Die Fortsetzung dieser Geschichte nach 1933 ist bekannt. Nachdem schon in den letzten Stellungnahmen des Jahres 1932 die individualistischen Elemente der Grundrechte als Abwehrrechte geleugnet worden waren (E.R. Huber), war der Schritt zu ihrer völligen Beseitigung als lästige Hemmnisse einer Diktaturgewalt nicht mehr groß. Am 28. Februar 1933 wurden die

---

12 Besonders aufschlußreich die Debatte nach den Referaten von Kaufmann und Nawiasky in: VVDStRL 4 (1928); gegen Kaufmanns und Triepels Zuweisung der Kontrollmacht an den Richter Thoma, Die juristische Bedeutung (wie Anm. 6), S. 22f.; Max Rümelin, *Die Gleichheit vor dem Gesetz,* Tübingen 1908; gegen Thoma wiederum Gerhard Leibholz, Die Gleichheit vor dem Gesetz. Ein Nachwort zur Auslegung des Art. 109 Abs. 1 der Reichsverfassung, in: *Archiv des öffentlichen Rechts* 51 (1927), S. 1–36, sowie F. Stier-Somlo, Artikel 109, in: Nipperdey I (wie Anm. 6), S. 158–218 (S. 198ff.); zuletzt Anschütz, Die Verfassung (wie Anm. 6), S. 524ff.
13 Anschütz, *Die Verfassung* (wie Anm. 6), S. 528.

wichtigsten Grundrechte suspendiert, andere in den folgenden Monaten faktisch aufgehoben. Die Lehre erklärte nun, Menschen- und Bürgerrechte aus dem Geist von 1789 seien durch den Geist von 1914 überwunden, an die Stelle des Individuums sei die Gemeinschaft getreten, eine Volksgemeinschaft, die schädliche Elemente ausgeschieden habe und nach innen keiner Grundrechte als Dokumente liberalen Mißtrauens mehr bedürfe. »Der Staat Adolf Hitlers«, so hieß es, »ist ein gerechter Staat«, er ist »nationaler Rechtsstaat«, er ist »konkrete Ordnung« usw. In diesem antiliberalen Klima sank die Beschäftigung mit den Grundrechten und ihrer Geschichte auf einen Nullpunkt. Ein neuerer Forschungsbericht verzeichnet kaum noch relevante Beiträge. Niemand wagte mehr, sich mit der Tradition von 1789 zu identifizieren.[14]

III.

Vorbereitet durch die Überlegungen der Emigranten und der Widerstandsgruppen, setzte die Beschäftigung mit den Grundrechten nach dem Zusammenbruch des Nationalsozialismus um so heftiger ein. Die bekannte »Naturrechtsrenaissance«, so sehr sie eine Scheinblüte auf höchst dubiosen methodischen Fundamenten war, erfüllte die Funktion der »Sinnstiftung« und des Festklammerns an den abendländischen Werten, die viele der nun führenden »Antipositivisten« gerade während des Nationalsozialismus verraten hatten, indem sie gegen die »Ideen von 1789« polemisierten. Wieder sprach man nun von »Einbruchstellen« der höheren Wertordnung in das positive Recht. Die

---

14 W. Schmale, *Archäologie der Grund- und Menschenrechte in der Frühen Neuzeit,* München 1997, S. 29ff.

Grundrechte wurden geradezu zum heiligen Gral der Rechtswissenschaft: Nipperdeys Werk »Die Grundrechte« wurde neu bearbeitet. Der Historiker Gerhard Oestreich schrieb eine wichtige Monographie zur Geschichte der Grundrechte. Die Rechtswissenschaft mit ihren Kommentaren und Monographien kannte und kennt kaum ein vergleichbares Königsthema wie die Grundrechte.[15] Höhepunkt war die Regensburger Staatsrechtslehrertagung von 1972, die den ironischen Namen »Grundrechtsfesttag« bekam.[16] Eine »Europäische Grundrechts-Zeitschrift« entstand sowie mehrere »Forschungsprojekte Menschenrechte«.[17] Die seit 1951 mögliche Verfassungsbeschwerde wegen Grundrechtsverletzung wurde in vier Jahrzehnten zum bekanntesten Rechtsmittel. Die Verfassungsgerichtsbarkeit avancierte zum Zentralorgan des Rechtsstaats und der Konkretisierung der neuen »Wertordnung«. Das Gericht selbst legte die Grundrechte extensiv aus und leistete tatsächlich wichtige Beiträge zur Durchdringung einer noch keineswegs liberalen und demokratischen Gesellschaft und einer entsprechenden Exekutive. Die Grundrechtskonjunktur blieb ungebrochen, auch in Zeiten wirtschaftlicher Rezession, weil alle Regelungsprobleme einer komplexen Gesellschaft Grundrechtsbezug haben, und sei es auch nur durch den Gleichheitssatz und die allgemeine Handlungsfreiheit. Alle politischen Gruppen betreiben Politik über die Grundrechte. Was den einen als Waffe gegen die Gesetzgebung

---

15   J. Isensee/P. Kirchhof (Hgg.), *Handbuch des Staatsrechts der Bundesrepublik Deutschland,* Bd. V, Heidelberg 1992, *Allgemeine Grundrechtslehren,* und Bd. VI, Heidelberg 1989, räumen dem Thema rd. 2800 Seiten ein.

16   W. Martens/P. Häberle, *Grundrechte im Leistungsstaat,* VVDStRL 30 (1972), S. 7ff. Die Wendung »Grundrechtsfesttag« bei H.F. Zacher, ebda., S. 151.

17   So etwa J. Schwartländer (Hg.), *Modernes Freiheitsethos und christlicher Glaube,* Mainz 1981. Alle bibliographischen Nachweise jetzt bei Schmale (wie Anm. 14).

des Interventionsstaats dient, verwenden die anderen als Antriebsmittel für den Gesetzgeber, indem sie ihn an die Versprechen der Verfassung erinnern. Verteidigen die einen den grundrechtlich geschützten Status quo, versuchen die anderen, neue Grundrechte zu schaffen oder jedenfalls die alten reformerisch zu aktivieren.

Seit etwa zwanzig Jahren gibt es allerdings wachsende Kritik an der zunehmenden Aushebelung des Parlamentarismus durch den »Übervater« Bundesverfassungsgericht.[18] Aber auch pragmatisch denkende Autoren und sogar Bundesverfassungsrichter machen sich Sorgen um die Substanz parlamentarischer Entscheidungen und empfehlen mindestens einen deutlichen *judicial restraint*. Schließlich gibt es bedenkliche Rückwirkungen auf die Rolle der Staatsrechtswissenschaft, von deren »Entthronung« (durch das Bundesverfassungsgericht) gesprochen worden ist.[19]

Diese Entwicklung weist deutsche Spezifika auf, läuft aber auch konform mit einem internationalen Trend zur Verwirklichung der Grundrechte nach Hitler und Stalin und nach dem Zweiten Weltkrieg: Das Grundgesetz ist gerade im Grundrechtsteil und dessen Plazierung am »Kopf« der Verfassung eine direkte Reaktion auf den Nationalsozialismus. Der Satz von der Menschenwürde, die direkte Rechtsgeltung der Grundrechte, der lückenlose Rechtsschutz, die Verfassungsbeschwerde wegen Grundrechtsverletzungen – alles dies wäre ohne die Verbrechen des NS-Staates so nicht zustande gekommen.

Was aber die weitere Entwicklung in den fünfzig Jahren

---

18 I. Maus, *Rechtstheorie und Politische Theorie im Industriekapitalismus,* München 1986; Dies., *Zur Aufklärung der Demokratietheorie,* Frankfurt a. M. 1992; R. Zuck, Der unkontrollierte Kontrolleur. Die zweifelhafte Rolle des Bundesverfassungsgerichts, in: *Frankfurter Allgemeine Zeitung,* 24. Juli 1999.
19 B. Schlink, Die Entthronung der Staatsrechtswissenschaft durch die Verfassungsgerichtsbarkeit, in: *Der Staat* 28 (1989), S. 161–172.

danach angeht, so prägen sich doch auch ältere Spezifika unserer Rechtskultur aus, etwa die Hochschätzung der Verrechtlichung und die Neigung, politische Fragen in Rechtsfragen umzuformulieren, um damit den »Gang nach Karlsruhe« anzutreten. Damit verwandelt sich die Verfassung von einem politischen Gründungsdokument mit starker rhetorischer und appellativer Kraft in eine Art juristisches Hauptbuch der Nation, in das die Verfassungswidrigkeiten des Parlaments eingetragen werden. Grundrechtsschutz wird so zum Schutz des Status quo und der Besitzstände, verwaltet von einer (wenigstens scheinbar) politikfernen neutralen Instanz. Die Tendenz, Streitfragen nicht im Parlament, sondern in einem Gerichtsverfahren zu entscheiden, wird unterstützt von einem florierenden Gutachten- und Wissenschaftsbetrieb des Verfassungsrechts, der insbesondere kecke Parteigutachten mit dem Ziel, die »Verfassungswidrigkeit« nachzuweisen, finanziell begünstigt und zusätzlich Medienaufmerksamkeit garantiert.

Die auffällige internationale Konjunktur der Grundrechte hat aber einen düsteren und wichtigeren Hintergrund, zu dem Deutschland wahrlich beigetragen hat: Das zu Ende gehende Jahrhundert wird als das menschenverachtende, menschenrechtsverletzende, mörderische 20. Jahrhundert in die Geschichte eingehen. Es rechnet die Toten, die Gefolterten, Verhungerten, Expatriierten und Emigrierten nur noch nach Hekatomben-Millionen. Und die Kehrseite: Nie sind die Menschenrechte höher gepriesen, durch völkerrechtliche Deklarationen und multilaterale Abkommen mehr gesichert und durch Gerichtshöfe (Straßburg, Luxemburg, Rom, UN-Ausschuß in Genf, nationale Verfassungsgerichte) geschützt worden.[20] Schon wird von einem »Dschungel der Menschenrechtstexte«,

---

20   G. Baum/E. Riedel/M. Schaefer (Hgg.), *Menschenrechtsschutz in der Praxis der Vereinten Nationen,* Baden-Baden 1998.

von einem Zuviel an Normen und entsprechender Schwächung der Verbindlichkeit gesprochen.[21] Nie gab es auch so viel privates Engagement, verdichtet etwa in Amnesty International, nie so viel »Geschichte der Menschen- und Bürgerrechte«.[22] Die Historiker-Intellektuellen, die sich in den Kulissen dieses Jahrhunderts tummeln, beruhigen wohl nebenbei ihre kollektiven Schuldgefühle, »dabeigewesen« zu sein. Vielleicht haben sie aber auch die Funktion von Aasgeiern, welche die unangenehmen Restbestände sauber »historisieren« und damit einerseits für künftige Erinnerung aufbewahren, andererseits aber auch psychisch erträglich machen.

---

21 K. Gelinsky, Fünfzig Jahre Menschenrechts-Erklärung, in: *Frankfurter Allgemeine Zeitung,* 3. September 1998.
22 O. Hufton (Hg.), *Menschenrechte in der Geschichte,* Frankfurt a. M. 1998, eine Sammlung der Oxford Amnesty Lectures.

Die historische Bedeutung der Grundrechte
in der Weimarer Verfassung
Kommentar
von
Horst Möller

Wenn von den Mängeln der Weimarer Verfassung die Rede ist, vom Scheitern der Republik und den Ursachen für dieses Scheitern, dann handelt es sich um die Perspektive derjenigen, die alles besser wissen, weil sie Nachlebende sind. Ein besonderes Verdienst läßt sich daraus freilich nicht ableiten, und natürlich könnte man die Geschichte der Weimarer Republik auch umgekehrt von ihrem Beginn, von ihren großen Leistungen her erzählen und deuten.

Michael Stolleis hat auf das Paradoxon hingewiesen, daß kein Jahrhundert die Menschenrechte intensiver gepriesen hat, aber daß es zugleich in keinem Jahrhundert grauenhaftere und massenhaftere Verbrechen gegeben hat als im zwanzigsten. Dies führt zu einem fundamentalen Problem der politischen Geschichte der Weimarer Republik, das die folgenden Überlegungen unter verschiedenen Aspekten leiten soll: Welche politischen Wirkungen hatten die Grundrechte und ihre spezifische Formulierung in der Weimarer Verfassung? Selbstverständlich stellt sich diese Frage auch für andere Verfassungen, und daher läßt sie sich erweitern: Haben oder hätten die Grundrechte zur

Stabilisierung der Demokratie beitragen können oder waren sie – um es kraß auszudrücken – dafür relativ unerheblich?

Natürlich würde die zweite Alternative uns, die wir von der Selbstverständlichkeit der Grundrechte und der Bürgerrechte ausgehen, verstören. Trotzdem müssen wir für die Beurteilung des allgemein politischen auch den verfassungspolitischen Stellenwert dieser Frage behandeln.

I.

Diese Frage haben sich bereits die Verfassungsväter von 1919 gestellt. Natürlich kannten sie die Tradition moderner Verfassungsstrukturen von den amerikanischen Kolonien 1776 angefangen bis etwa zur Paulskirchenverfassung von 1848/49 und der preußischen Verfassung von 1850, die ebenfalls Grundrechte enthielt. Daß sie in der Bismarck-Verfassung von 1871 nicht aufgeführt wurden, hieß nicht, daß sie im Kaiserreich nicht gegolten hätten, sondern nur, daß Grundrechte der einzelstaatlichen Verfassungsgebung vorbehalten blieben oder einfach übernommen wurden.

Um eine lange Diskussion zu vermeiden, wollte Hugo Preuß zunächst gar keine Grundrechte und dann nur 12 Artikel. Vor diesem Hintergrund stellt sich die historische Frage: Hatte Preuß mit seiner Position nicht sogar recht?

Er war ein hochrangiger Staatsrechtslehrer und nicht von Hause aus Politiker. Sonst hätte er wahrscheinlich gleich bemerkt, daß es keine Chance gab, auf die Grundrechtsdebatte zu verzichten. Dies galt auch für seine eigene Partei, die DDP, hatte doch Friedrich Naumann einen volkstümlichen Katalog aufgestellt, in dem beispielsweise solche Sätze standen wie: »Volkserhaltung ist Staatszweck – Kinderzuwachs ist Nationalkraft«. Diese Sentenzen sollten ebenso in die Verfassung aufgenommen werden wie »Das Vaterland steht über den Parteien«, oder »Freie Bahn dem Tüchtigen«, »Volkswirtschaft steht über Privatwirtschaft« – also durchaus konsensfähige Sätze, die wir aber nie in einer Verfassung suchen würden. Die Verfassungspolitiker haben Friedrich Naumann denn auch ironisiert, und der Rat der Volksbeauftragten, der in seiner ersten Erklärung vom 12. November 1918 schon in Richtung der Grundrechtserklärung ging, befaßte sich nicht besonders intensiv mit der Minimallösung von Hugo Preuß. Bezeichnenderweise sagte ein mit der Niederschrift der Vorstellungen von Preuß beschäftigter Beamter: »Ich habe einfach alles weggelassen, was heute nicht mehr gilt und habe die alten Menschenrechtserklärungen übernommen.«

Die Frage, die der Historiker an diese Feststellung knüpft, lautet denn auch: Hätte es nicht völlig ausgereicht, die vorliegenden Menschenrechtserklärungen zu wiederholen? Muß man den Erklärungen von 1776 oder 1789 wirklich viel hinzufügen? Muß sich eine verfassunggebende Versammlung, die die neue Verfassungsordnung zu beraten hat, wirklich so intensiv mit diesem Teil befassen, daß fast die Hälfte der Weimarer Verfassungsartikel auf den Zweiten Teil entfallen, wie schon Heinrich Triepel bemerkte? Meines Erachtens hätten die Verfassungsväter dies nicht gemußt, und insofern hatte Preuß in einem höheren Sinne doch wieder recht, selbst wenn er politisch die Gewichte falsch eingeschätzt hat.

Teil II der Weimarer Verfassung weist, wie schon der Verfassungsausschuß selbst erkannte, einen Mischcharakter auf. Er enthält mindestens fünf Gruppen – und vermutlich lassen sich weitere hinzufügen. Die Grundrechte, also die allgemeinen Menschenrechte, stehen neben den Bürgerrechten. Grundrechte sind vor- und zugleich überstaatliche Rechte, die jeder Mensch von Natur aus gemäß dem naturrechtlichen Postulat haben soll, gleich welcher Nation, Religion oder sonstiger Herkunft er ist.

Demgegenüber werden Bürgerrechte durch die Staatsbürgerschaft definiert. Zu den Grundrechten gehören etwa persönliche Freiheit, Religionsfreiheit usw.; hiervon ging die Diskussion in der Frühen Neuzeit im wesentlichen aus; zu den Bürgerrechten zählen etwa das Wahlrecht, gleiches Recht auf Ämter und anderes mehr. Drittens nennt der Zweite Hauptteil die Grundpflichten – Grundpflichten sind immer solche des Staatsbürgers, nie aber die des Menschen als solchem. Grundrechte gelten auch für Nichtstaatsangehörige, die in einem Staat leben, die Grundpflichten, der Wehrdienst etwa, aber nicht. Viertens folgen institutionelle Garantien, etwa für das Berufsbeamtentum, und fünftens, und das ist zu betonen, Elemente eines Sozialprogramms. Gerade in diesem fünften Punkt ist der Grundrechtsteil originell – originell in der Aufgabe, die er dem Verfassungsgeber stellt, nämlich eine Sozialpartnerschaft zu entwickeln. Ein Restbestand dieses Ziels findet sich in dem berühmten Artikel 165 über den Reichswirtschaftsrat, bei dem es sich um einen schwierigen und für die Praxis relativ unbedeutenden Kompromiß zwischen weitgehenden linken Rätevorstellungen und Vorstellungen über eine berufsständische Kammer handelte, wie sie spiegelbildlich die Deutschnationalen vertreten haben. Dieser Reichswirtschaftsrat hat tatsächlich keine große praktische Bedeutung erlangt, ist aber Teil des Programms einer Sozialpartnerschaft. Die Grundrechtspolitik, also die Aufgabe, diese Regeln politisch zu realisieren, hat der Weimarer Gesetzgeber je länger je mehr nicht wahrnehmen können. Bis 1921/22 gab es dafür mit den Regierungen der Weimarer Koalition aus Sozialdemokraten, Zentrumspartei, also dem politischen Katholizismus und den Linksliberalen, der DDP, noch Chancen. Danach haben andere Probleme und die Schwierigkeiten der Koalitionsbildung praktisch eine konstruktive Grundrechtspolitik außerordentlich erschwert, teilweise auch ausgeschlossen.

Mit Ausnahme der Aufgaben der Sozialpartnerschaft und

Sozialstaatlichkeit stand der Katalog in rechtsstaatlicher Tradition, repetierte also Bekanntes. Da Grundrechte, wie gesagt, ganz wesentlich überstaatliche Rechte betreffen, die der Mensch als Mensch haben soll, sind sie keine epochenspezifischen Rechte. Sie waren also auch nicht für die Weimarer Republik spezifisch, sondern überzeitlich. Und insofern konnten sie auch kein Tummelplatz für Originalität sein – schon aus diesem Grund hätte man sich nicht so eingehend mit ihnen befassen müssen.

Bekanntlich hat man sich damals jedoch nicht mit der möglichen Wiederholung von 1776, 1789 oder 1848/49 begnügt. Die Weimarer Nationalversammlung folgte einer anderen Einschätzung. Vergleichen wir solche programmatischen Äußerungen im Grundrechtsteil oder Ansätze zur Institutionalisierung wie den Reichswirtschaftsrat mit anderen konkreten politischen Aktionen, dann wird man sagen müssen: Letztere waren sehr viel wirksamer; in bezug auf das Arbeitsrecht beispielsweise, die mit dem sogenannten Stinnes-Legien-Abkommen schon Ende 1918 beginnende Sozialpartnerschaft oder das Betriebsrätegesetz von 1920. Die spätere Zurücknahme der sozialpolitischen Errungenschaften aus der Anfangsphase der Republik unter dem Eindruck von Inflation oder Wirtschaftskrise im Zuge der Stabilisierung der Großindustrie ändert nichts an der Einschätzung, daß der Vergleich tatsächlich mehr zugunsten des Konkreten, Pragmatischen als des Programmatischen ausfällt.

II.

Die Grundrechte haben für die Verfassungsberatungen zum Grundgesetz eine große Rolle gespielt. Nicht diese in der Tat sehr ausufernde und immer weiter ausufernde Grundrechtsdiskussion ist nach meinem Dafürhalten allerdings das Entscheidende an der grundgesetzlichen Ordnung, sondern die Lehren aus dem politischen Versagen der Weimarer Republik, aus der mangelnden Funktionstüchtigkeit des Weimarer Regierungssystems. In den Phasen, in denen nach 1945 zunächst die Verfassungsberatungen der Länder stattfanden, 1948 der Herrenchiemseer Verfassungskonvent und 1948/49 der Parlamentarische Rat berieten, wird deutlich: Nach dem Zweiten Weltkrieg lernte man weniger aus der Diskussion über die Grundrechte und Grundpflichten, also dem Zweiten Teil der Weimarer Verfassung, als aus dem Scheitern der Weimarer Demokratie, ihrer mangelnden Funktionstüchtigkeit und der folgenden totalitären Erfahrung. Und insofern wurde die Machtverteilung der politischen Gewichte, die Kompetenzregelung zwischen Bundeskanzler, Bundespräsident und Bundestag eben ganz anders konzipiert. Das ist der historisch entscheidende Punkt: Wenn man das Grundgesetz, wie ich es tue, als eines der wenigen geradezu großartigen Beispiele betrachtet, wie aus der Geschichte gelernt werden kann und worden ist – und zwar bei allen demokratischen Parteien, die damals an diesen Beratungen teilhatten –, dann liegt der entscheidende Fortschritt im Regierungssystem. Ohne den Grundrechtsteil abwerten zu wollen: dieser Teil war für die politische Lehre aus Weimar der weniger wichtige.

Das führt nun wieder zurück zu dem, was der Parlamentarische Rat aus dem Scheitern der Demokratie gelernt hat, eben weil dies im Bedingungszusammenhang des Aufstiegs einer totalitären Bewegung und der Etablierung der nationalsozialistischen Diktatur mit seinen grauenhaften Massenverbrechen stand.

Welche Bedeutung haben die Grundrechte in diesem Kontext? Für das Scheitern der Weimarer Republik war nicht ein Faktor, sondern eine ganze Reihe von Umständen in ihrem dialektischen Zusammenwirken entscheidend. Unter den acht bis zehn Faktoren, die die Historiker in der Regel nennen, wenn nach den Ursachen für das Scheitern der Weimarer Demokratie gefragt wird, kommt die Grundrechtsthematik überhaupt nicht vor. Niemand meint, die Grundrechte hätten stabilisierend wirken können oder es habe einen Mangel an Grundrechtsdiskussion gegeben, der so ausschlaggebend gewesen wäre, daß er zum Niedergang der Demokratie hätte beitragen können. Die Grundrechte tauchen in diesem Kontext nur in einem Zusammenhang auf: unter dem vagen und trotzdem sehr wichtigen Begriff der »politischen Kultur«. Dies entspricht dem allgemeinen Sinn, in dem von der »Republik ohne Republikaner« gesprochen wird (was im übrigen gegenüber denen ungerecht ist, die unter den äußerst schweren Bedingungen für diese Republik gekämpft haben). Die Weimarer Republik besaß eine Gesellschaft, die kein Bürgertum mehr kannte, eine demokratische Gesellschaft ohne Bürger, eine politische Ordnung ohne hinreichenden Grundkonsens, eine politische Mentalität, die durch Obrigkeitsgläubigkeit und die historischen »Vorbelastungen des deutschen Parlamentarismus« geprägt war (Ernst Fraenkel) – Vorbelastungen, die tief in die Entscheidungsbildung und die Schwierigkeit zur Koalitionsbildung der Parteien, leider auch der demokratischen Parteien, hineinwirkten. In diesem Kontext würde man die gesamte Debatte über die Grundrechte und die Bürgerrechte ansiedeln. Fragt man nach der politischen Signifikanz, dann gelangt man zu dem Ergebnis: Bis 1930 sind die Grundrechte für die allmähliche Destabilisierung der Weimarer Republik kein entscheidender Faktor – und eben auch kein Rettungsanker für die Demokratie gewesen.

Und auch in der Zeit der Präsidialkabinette ab 1930 war dies nicht wesentlich anders. Die allmähliche Auflösung der parlamentarischen oder halbparlamentarischen Verfassungskonstruktion, die allmähliche Verschiebung zur präsidentiellen, die tatsächlich mit dem Kabinett Brüning beginnt, wenngleich dieses von den Kabinetten Papen und Schleicher doch deutlich als rechtsstaatlich zu unterscheiden ist, ist nicht auf die Grund-rechtsproblematik zurückzuführen. Auch für diese Verschie-bung zum Reichspräsidenten als dem entscheidenden Faktor der politischen Entscheidungsbildung, ja sogar der Gesetzgebung (über den Artikel 48 mit der Notverordnungskompetenz), für dieses »Machtvakuum«, wie Karl Dietrich Bracher schon 1955 formuliert hat, in das der Reichspräsident und seine in der Ver-fassung nicht vorgesehene Umgebung hineinstießen, spielten die Grundrechte also weder positiv noch negativ eine Rolle. Gerade in diesem Verfassungswandel wird man aber für die Schlußphase die entscheidende Komponente sehen müssen. Das wird deutlich, wenn man die Frage stellt: Wann werden die Grundrechte abgeschafft oder eingeschränkt? Das ist bekannt-lich im Februar 1933 in zwei Akten der Fall, insbesondere mit der berüchtigten Reichtstagsbrandverordnung vom 28. Februar 1933. Die Grundrechte wurden – von der Regierung Hitler gegengezeichnet – durch eine reichspräsidentielle Notverord-nung, theoretisch zeitweise, faktisch dauerhaft suspendiert. Daß sie suspendiert werden konnten, hatte wiederum mit der macht-politischen Konstellation zu tun und nicht mit irgendeiner ver-fassungsrechtlichen Debatte über die Grundrechte. Die Grund-rechte selber sind eben nur durch die Verfassungsordnung zu sichern, durch die politischen Gewalten, die in dieser Verfas-sungsordnung richtig plaziert sind.

Eine weitere Frage schließt sich an: Kann eine Verfassungsord-nung, wenn die Mehrheit der Bürger nicht mehr demokratisch wählt, Bestand haben? Tatsächlich wird keine demokratische Verfassungsordnung der Welt dauerhaft gegen eine Mehrheit von Antidemokraten aufrechtzuerhalten sein. Aber das ist mei-nes Erachtens auch nicht die verfassungspolitisch entscheidende Frage. Sie lautet vielmehr: Kann man eine Verfassung so wetter-fest machen, daß sie über eine gewisse Zeit hinweg verfassungswidrigen oder gar totalitären Stürmen widersteht? Tatsächlich gibt es Anhaltspunkte, daß dies möglich gewesen wäre. Die Weimarer Verfassung aber hat geradezu ein Einfallstor für den schleichenden Verfassungswandel geöffnet; und ob Brüning ihn nun gewollt hat oder nicht, ist er doch in gewisser Weise nur ein Exponent dieses Verfassungswandels.

Die Katastrophe entwickelte sich im Zusammenspiel institutioneller und personeller Faktoren. Natürlich hätte sich ein Reichspräsident Ebert in dieser kritischen Situation ganz anders verhalten als ein Reichspräsident von Hindenburg, der nie – das ist immer wieder zu betonen – auf dem Boden der Weimarer Verfassung gestanden hat. Auch ein Reichskanzler Gustav Stresemann oder selbst ein schwächerer wie Hermann Müller hätte sich ganz anders verhalten als Papen oder Schleicher. Das heißt also: Die personelle Komponente darf nicht unterschätzt werden. Doch waren die institutionellen Sicherungen so schwach, wie sie es nur sein konnten. Und daß sie so schwach waren, hat die verfassungsrechtlichen Garantien der Grundrechte hinweggefegt. Auch hier zeigt sich also: Die Analyse des Unterganges der Weimarer Republik muß an der funktionellen Ordnung des Regierungssystems ansetzen, wenn sie denn verfassungsrechtlich oder verfassungspolitisch argumentiert. Die anderen Gründe, beispielsweise die wirtschaftlichen und die enorme Arbeitslosigkeit, kommen hinzu.

Nochmals also die Frage: Kann eine Verfassung wetterfest genug konstruiert werden? Mit der Besserung der wirtschaftlichen Lage nicht nur in Deutschland seit 1933/34 fielen mehrere Ursachen für das Scheitern der Republik weg. In Deutschland wurden bestimmte wirtschaftspolitische Maßnahmen ergriffen, die die NS-Regierung mit Intentionen durchgeführt hat, die weit über die Stabilisierung hinausgingen und schon seit Mitte der 1930er Jahre die Kriegsvorbereitung bezweckten. Aber bereits um 1933/34 erholte sich auch die Weltwirtschaft, erholten sich viele europäische Staaten wirtschaftlich. Auch Deutschland erholte sich, zwar durch diese Maßnahmen begünstigt, vor allem aber im Kontext des weltwirtschaftlichen Aufschwungs. Das heißt: Die Krise von 1932/33 wäre 1934 auch ohne nationalsozialistische Machtergreifung abgeflaut. Eine Verfassung, die Sicherungen geboten hätte, die sie länger hätten standhalten lassen, hätte eine reelle Chance gehabt, durch größere Krisenfestigkeit die Jahre 1932 bis 1934 zu überstehen – danach hätten die extremen Parteien weitaus geringere Chancen gehabt. Natürlich sollte man nicht so weit gehen, eine solche größere Stabilität der Verfassung auf eine einzige Ursache wie etwa das Wahlrecht zurückzuführen. Alle einlinigen Antworten sind bestenfalls als ein Faktor unter vielen berechtigt und letztlich wiederum falsch, wenn ihnen alleinige, ausschlaggebende Wirkkraft zugemessen wird. Es geht also nur darum, unsere Frage in einen bestimmten Kontext zu stellen.

III.

In dieser Perspektive spielt tatsächlich die Diskussion über die Erhaltung der Grundrechte eine Rolle: daß die Verfassung so konstruiert worden ist und nicht anders, lag in der Intention des Verfassungsgebers 1919 begründet, eine Idealverfassung schaffen zu wollen – die Weimarer Verfassung gewann dadurch Elemente einer Reißbrettkonstruktion, die Nationalversammlung hatte Angst vor der eigenen Courage. Sie orientierte sich an dem berühmten Buch von Robert Redslob über die unechte und die echte Form parlamentarischer Regierungssysteme.[1] Redslobs verfassungssystematisch, politisch und historisch falscher An-

---

1 Robert Redslob, *Die parlamentarische Regierung in ihrer wahren und in ihrer unechten Form,* Tübingen 1918.

satz wirkte auch auf Hugo Preuß und andere ein und erzeugte Angst vor dem »Parlamentsabsolutismus«. Die Abgeordneten waren selber Repräsentanten der Gesellschaft, der Volkssouveränität und wollten gegen die der parlamentarischen Repräsentation gewährten, also die eigenen Kompetenzen Sicherungen einbauen. Sie bestanden u. a. im plebiszitär legitimierten starken Reichspräsidenten.

Diese Fehlkonstruktion beruhte auf Redslobs falscher Perzeption des britischen Regierungssystems, das sich ja tatsächlich durch den starken Premierminister auszeichnet, aber zugleich auf der konstitutionellen Tradition Deutschlands, die einen Reichspräsidenten begünstigte, der einem »Ersatzmonarchen« ähnelte. Und das führte auch dazu, daß man mit anderen, sekundären Fragen die Zeit vertat, nicht zuletzt einer Frage, die heute wieder eine Rolle spielt: der Einführung des Plebiszits. Das Plebiszit hat in der Weimarer Republik, wenn man es vorsichtig sagt, nur eine negative Rolle gespielt, in keiner Weise eine positive. Auch das Plebiszit war aus der Furcht vor dem »Parlamentsabsolutismus« geboren und zur Stärkung der Volkssouveränität gedacht. Die Absicht war gut, aber manchmal kommt das Böse durch die gute Absicht in die Welt. So war es auch hier. Der Versuch, eine Verfassung zu konstruieren und sich sehr lange mit den theoretischen Grundlagen zu befassen, auch mit dem Zweiten Hauptteil über die Grundrechte, anstatt pragmatisch die politischen Konsequenzen aus der Revolution von 1918/19 zu ziehen, hatte negative Nebenwirkungen. Pragmatik anstelle der Programmatik wäre besser gewesen.

Ich sagte einleitend: Wir sollten uns trotz mancher Kritik um Gerechtigkeit für die damals handelnden Generationen bemühen. Natürlich haben sie 1918/19, indem sie sich so intensiv mit den programmatischen Aspekten und auch mit den Grundrechten befaßt haben, das Ziel gehabt, einen Staat, der von Grund auf demokratisch, rechtsstaatlich, parlamentarisch sein sollte, zu konstruieren. Dabei sind tatsächlich Fehler unterlaufen. Man muß aber in bezug auf die gesamte Verfassungspolitik sagen, daß diese – aus der Kriegsniederlage geborene – Republik die schwierigste Erblast übernommen hat, die man sich denken kann. Sie mußte innerhalb kürzester Frist Systemwechsel, Wechsel der Staatsform, die Eingliederung eines Millionenheers von zurückkehrenden Soldaten, einen sozialökonomischen Wandel großen Ausmaßes und schließlich die Kriegsschulden bewältigen: Das alles waren enorme Lasten. Matthias Erzberger hat 1919 bei der Vorlage seines Plans zur Finanzreform von der Notwendigkeit gesprochen, die Steuerleistung um 900 Prozent zu steigern, um die Kriegsfolgen zu bewältigen – allein dies zeigt, wie gut es uns heute geht.

Gewichtet man die Schwierigkeiten, vor denen diese Republik stand, kommt man zu dem Schluß: Die Fehler, die 1918/19 gemacht wurden, haben zwar eine ungemeine und in der Perspektive von 1933 schreckliche Nachwirkung gehabt. Aber ob wir, die heute Lebenden, solche Fehler vermieden hätten, ist sehr zu bezweifeln. Als Nachlebende wissen wir sehr gut, was unsere Vorgänger damals hätten tun sollen. Ich hoffe, wir wissen ebenso gut, was wir selber heute tun müssen.

Grundrechte und politische Kultur
in der Weimarer Republik
Kommentar
von
Fritz Stern

Meine Überlegungen sind nicht die eines Rechts- oder eines Wirtschaftswissenschaftlers. Über die unablässigen Auseinandersetzungen und Kämpfe der Wirtschaft hat Charles de Gaulle geschrieben, daß im Wirtschaftsleben »selbst am Tage eines Austerlitz die Sonne das Schlachtfeld nicht erhellen würde«[1] – und das ist auch meine Ansicht von Wirtschaftswissenschaft und -theorie.

Für die Verfassung der Weimarer Republik ist de Gaulle, um ein kleines Gedankenexperiment anzustellen, in anderer Hinsicht von Interesse: Ein Politiker von seinem Format und Zuschnitt hätte der Verfassung durchaus eine etwas andere, stärker präsidiale oder exekutive Richtung geben und sie effektiver machen können, dabei aber weiterhin für eine Demokratie gesorgt, und dies wäre eine wahrlich wünschenswerte Alternative zum tatsächlichen Verlauf gewesen. Dieses Gedankenexpe-

---

1 Charles de Gaulle, *Mémoires d'espoir. Le renouveau 1958–1962,* Paris 1970, S. 171.

riment erschließt Handlungsspielräume und Möglichkeiten der historischen Entwicklung, etwa während der vieldiskutierten Kanzlerschaft Heinrich Brünings.

Jedenfalls war der Untergang der Republik keineswegs vorherbestimmt; er war weder in ihrer Endphase unvermeidlich, noch war er in ihren Anfängen und in ihrer Verfassung angelegt.

I.

Michael Stolleis betont die Allgegenwärtigkeit von Geschichte und Tradition der Grundrechte in den Verfassungsberatungen. Die Grundrechte entstammen dem politischen Denken der Aufklärung und des konservativ orientierten Liberalismus. Ihr Grundprinzip lag in der gesetzlich bestimmten menschlichen Freiheit.

Der englische Philosoph Isaiah Berlin hat den Unterschied zwischen negativer und positiver Freiheit analysiert.[2] Die negative Freiheit ist das zentrale Anliegen der Liberalen; sie soll den Menschen in gewissen Bereichen vor dem Zwang jeglicher Gewalt schützen, sie soll Meinungsfreiheit, Religionsfreiheit und den Schutz von persönlicher Freiheit und Eigentum gewährleisten. Diese Ansprüche sind ein Bollwerk gegen den absolutistischen Staat. Aber die historisch eindrucksvollsten Liberalen wie etwa Benjamin Constant oder Alexis de Tocqueville und insbesondere die amerikanischen Verfassungsväter wußten sehr wohl, daß die Grundrechte auch in einer demokratischen Gesellschaft gefährdet sind und bedroht werden können. Umgekehrt waren es gerade die sogenannten Despoten im 18. Jahrhundert,

---

2 Vgl. Isaiah Berlin, *Two Concepts of Liberty. An Inaugural Lecture delivered before the University of Oxford on 31 October 1958,* Oxford 1958 (auch in: Isaiah Berlin, *Four Essays on Liberty,* Oxford 1969, S. 118–172).

die – ohne einen Katalog von Menschenrechten – Toleranz einführten. Das Preußen Friedrichs des Großen war im 18. Jahrhundert der erste Staat auf deutschem Boden, der die Folter abschaffte – die der Nationalsozialismus als erstes Regime in Deutschland im 20. Jahrhundert wieder einführte.

Entscheidend für die Grundrechte ist ihre Verwurzelung im Bewußtsein der Gesellschaft, die wiederum für die politische Kultur von elementarer Bedeutung ist. Um es im internationalen Vergleich zu demonstrieren: In den Vereinigten Staaten ist die Bill of Rights – die ersten zehn *Amendments* der Verfassung – eine Art Heiligtum, auch wenn sie in Zeiten politischer Hysterie, wie sie immer wieder auftreten, oft beklagt und angegriffen wird. In Frankreich sind Menschenrechte in der Geschichte der Nation und in ihrem Mythos verwurzelt, auch wenn sie oft, und durchaus gerade in ihrem Namen, verletzt wurden. In England sind die Grundrechte so eingebürgert, daß es gar keiner Verfassung bedarf. Grundrechte waren immer auch ein Teil des deutschen Liberalismus, der, sozialgeschichtlich betrachtet, sehr viel schwächer ausgeprägt war als in Westeuropa. (Dieser Unterschied zwischen deutschem und westlichem Liberalismus ist ja immer auch ein Teil der Debatte um den sogenannten deutschen Sonderweg.)

Neben der negativen Freiheit gibt es auch die positive Freiheit, und diese kristallisiert sich in dem Glauben, daß der Staat als höchstes Gut berufen ist, die Freiheit oder gar das Wohlbefinden der Menschen zu gestalten. Diese philosophische Richtung war im Deutschland des 19. Jahrhunderts stark ausgeprägt und politisch wirksam; Bismarcks Sozialgesetzgebung läßt sich als verwandtes Beispiel dieser Richtung benennen. In diesem Zusammenhang ist in Deutschland immer wieder das Argument anzutreffen, einen Rechtsstaat zu besitzen, der dem liberalen Programm verwandt sei.

Und dennoch: Ein Rechtsstaat und ein liberaler Staat mit

Grundrechten sind verschieden. Ein Rechtsstaat kann von einer existierenden Obrigkeit verordnet werden – und dabei kann die notwendige Verankerung der Bedeutung der Menschenrechte im Volk fehlen. Der liberale Staat ist meist durch das Verlangen von unten entstanden, um der obrigen Gewalt Grundrechte abzutrotzen. In einem Rechtsstaat können beispielsweise durch die Ausrufung eines »Belagerungszustandes« Menschenrechte außer Kraft gesetzt werden; in einem liberalen Staat ist ein solches Vorgehen selbst im Kriegszustand schwieriger.

II.

Michael Stolleis zeigt, wie die Grundrechte in der Weimarer Verfassung den Geist der neuen Republik ausdrücken sollten. Die Verfassung mußte zügig und unter äußerst ungünstigen äußeren Umständen erarbeitet werden; dies war eine große historische Leistung, ein Verfassungswerk der Vernunft. Aber von der damaligen Gesellschaft wurde diese Verfassung mit ihren Grundrechten weitgehend mißachtet, ja, sie war nachgerade verpönt.

Einer der klügsten, mutigsten und eindrucksvollsten Kritiker seiner Zeit ist der protestantische Theologe Ernst Troeltsch. Bereits im Juli und August 1919, vor der Annahme der Verfassung, schrieb er: »Auf der Rechten schließlich hat man das ursprüngliche Programm der Unterstützung der Ordnung nicht eingehalten, sondern sich in einen besinnungslosen Haß und Rachedurst gegen die ›gottverfluchte‹ Revolution hineingeredet, den man durch antisemitische Agitation fortwährend noch weiter steigert und für den man die immer wachsende Zahl der von der Revolution Enttäuschten gewinnt. [...] Ein Teil der Universitäten wählt die schroffsten Kriegspublizisten zu Rektoren, die Studentenschaften sammeln sich in der Hauptmasse um ihre alten Verbindungen und deren Ideologie. Die protestantische

Kirche Preußens bereitet sich darauf [sic], zur konservativen Gegenburg gegen den Staat der Revolution zu werden. Kurz: die teils planmäßig gelegten, teils instinktiv hervorleuchtenden Grundlagen der Gegenrevolution werden sichtbar.«[3]

Im Oktober 1919 schrieb Troeltsch befriedigt über die Verfassung: »Der [Staats]Apparat hat in der Verfassung eine feste Rechtsgrundlage.«

Und dann zitiert er Eugen Schiffer von der Deutschen Demokratischen Partei, der von einem »Bund der Verfassungstreuen« gesprochen hatte, und fügte hinzu: »Solange hier nicht der ›Bund der Verfassungstreuen‹ die große Mehrheit der Nation bewußt und klar umfaßt und auch die Gegner der herrschenden Regierung in sich einschließt, so lange wird es an den allerersten Fundamenten einer auswärtigen Politik und damit einer Heilungsmöglichkeit fehlen.«[4]

Wie wohl kaum ein anderer hat Troeltsch die Gefahr von rechts und links unverzüglich erkannt, und rückblickend läßt sich in der Tat feststellen, daß die Verfassungsuntreuen weithin das Feld beherrschten. In der gesamten Weimarer Zeit wurde Patriotismus mit Verfassungsverachtung in eins gesetzt – und von daher mag der ganz gegenteilige heutige Begriff vom Verfassungspatriotismus gar nicht so unerwünscht sein.

---

3 Ernst Troeltsch, *Spektator-Briefe. Aufsätze über die deutsche Revolution und die Weltpolitik 1918/22,* hg. von H. Baron, Tübingen 1924, S. 78f. und 80f. (25. Juli und 10. August 1919).
4 Ebda., S. 83 und 86 (20. Oktober 1919).

III.

Menschenrechte sind mit den Vorgängen der Justiz und mit ihrer juristischen Behandlung eng verbunden. Der Vorwurf in der frühen Weimarer Republik, daß Klassenjustiz das Recht beherrsche, daß also die politischen Kriminellen von links entschieden anders behandelt wurden als die Kriminellen von rechts (die Mörder von rechts wurden ja selbst vor Gericht oft als Idealisten dargestellt und angesehen), war wohlbegründet. Im Oktober 1921 sprach Reichsjustizminister Gustav Radbruch von einem Kriegszustand zwischen Volk und Justiz.[5] Es gab wenige ausgesprochen republikanische Richter. Daher war das Vertrauen auf die Verteidigung der Menschenrechte auf linker oder liberaler Seite naturgemäß geschwächt.

Ohne die politische Kultur – ein wenn auch zuweilen vager, so doch außerordentlich wichtiger Begriff, der uns das Denken der Zeitgenossen und den Rahmen ihres Handelns erschließen hilft – hier in ihren Facetten zu skizzieren, ist doch grundsätzlich festzuhalten, daß es keinen geistigen Waffenstillstand gab, weder auf nationaler noch auf internationaler Ebene – bis zum Ende der zwanziger Jahre, und dann war es zu spät.

Die Republik als solche mitsamt ihren Grundrechten wurde sowohl auf der rechten wie auf der extrem linken Seite verachtet. Diese Verachtung war auch in den Eliten – Kirchen, Universitäten, Bürgertum, Militär – tief eingewurzelt. Die Feiern zum Verfassungstag waren meist politisch umstrittene Angelegenheiten. Der Versuch, im Jahr 1926 einen Bund republikanisch gesinnter Professoren zu gründen, scheiterte an den Schwächen der demokratischen Kräfte.

Die radikalen Künstler und Linksintellektuellen der Weima-

---

5 Vgl. Gustav Radbruch, *Der Innere Weg,* Stuttgart 1951, S. 141 ff.

rer Zeit waren voller Enttäuschung, voller Verachtung für die Republik und äußerten sich dementsprechend in der Öffentlichkeit. Bertolt Brechts berühmter Satz »Erst kommt das Fressen, dann kommt die Moral« sollte die Korruption der damaligen Zeit geißeln, aber er bezeugte zugleich eine Unterschätzung der Menschenrechte und -würde, die ja zur Moral gehören.

Die Verfassung war grundsätzlich ein erfolgreicher Kompromiß der damaligen Gegensätze (Privateigentum versus Sozialisierung, Föderalismus versus Zentralisierung, Erziehungsgestaltung versus Rechte der Kirchen), und im Hegelschen Sinne wurden diese Gegensätze aufgehoben. Nicht die Verfassung war maßgeblich verantwortlich für das Scheitern und den Untergang der Weimarer Republik, sondern die Gesellschaft mit ihrer politischen Kultur.

Ich teile dabei die Auffassung, daß die Leistungen der Weimarer Republik angesichts ihrer Schwierigkeiten ganz erstaunlich waren. Ein Stück der Tragik der ersten deutschen Republik liegt darin, daß das Werk Weimars nicht zeitgenössisch, sondern erst rückblickend gewürdigt wurde.

IV.

Michael Stolleis betont mit Recht, daß die Menschenrechte nach 1945 eine viel größere Resonanz fanden als je zuvor. Selbstverständlich war die Erfahrung mit dem Terror der Nationalsozialisten die Vorbedingung für diese neue Beschäftigung mit den Menschenrechten. Sie sind heute im Bewußtsein der Menschen und im internationalen Recht ganz anders verankert als je zuvor. Und doch sind selbst in demokratischen Ländern die Menschenrechte immer bedroht, und diese Bedrohung mag sich aus unerwarteten Richtungen ergeben oder aus den gegenteiligen Wirkungen nachvollziehbarer guter Absichten.

Heute stehen wir in einer doppelten, einer langfristigen und einer unmittelbaren Krise. Langfristig ist die Krise in dem Sinne, daß in unserer Gesellschaft die Betonung von Menschenrechten die Notwendigkeit von Bürgerpflichten verdrängt hat. Für Alexis de Tocqueville oder John Stuart Mill, ganz zu schweigen von den amerikanischen Verfassungsvätern, war es vollkommen unstrittig, daß Menschenrechte immer mit der Erwartung des im Französischen so treffend *civisme* genannten bürgerlichen Pflichtgefühls verbunden sind. In unseren Tagen benennt Helmut Schmidt diese Diskrepanz zwischen Rechten und Pflichten schon seit längerer Zeit in aller Klarheit.

Wie weit uns eine nachholende Sorge um eine erbärmliche Verletzung von elementaren Menschenrechten heute in internationale Schwierigkeiten verwickelt hat, die für Europa und die Welt noch gefährliche Folgen haben werden, ist uns allen bewußt. Im Kosovo werden die Menschenrechte verteidigt, aber die Kritik am militärischen Einsatz ist unüberhörbar. Nach diesem Krieg bedarf es einer grundsätzlichen Debatte: Unter welchen Bedingungen sind internationale Eingriffe zum Schutz von Menschenrechten notwendig und berechtigt?

Gerade das Beispiel Weimars beweist dabei, daß man aus Irrungen und Wirrungen guter Absichten lernen kann.

Die Weimarer Reichsverfassung –
Geschichte und Gegenwart.
Eine Diskussion[1]

I.
Das Scheitern der Republik

Die Frage nach der Weimarer Republik ist und war stets zuallererst die Frage nach ihrem Scheitern. Dies liegt zum einen an ihren Folgen, der »deutschen Katastrophe« (Friedrich Meinecke) der nationalsozialistischen Herrschaft, die sich durch Weltkrieg und Massenmord tief in die deutsche Geschichte eingebrannt hat. Zum anderen steht der Untergang der ersten deutschen Republik binnen weniger Jahre, ja Monate wie ein Menetekel an der Wand der zweiten Demokratie. Fritz René Allemanns legendärer Satz »Bonn ist nicht Weimar« ist in seinem trotzigen Triumph nicht zuletzt aus der Sorge geboren, daß Bonn möglicherweise doch Weimar werden könne. Die Suche nach den Ursachen des Weimarer Scheiterns hat daher bis heute nicht nur wissenschaftliche Bedeutung, sondern auch eminent politische Antriebe: daß Bonn – und nunmehr Berlin – nicht Weimar werde.

---

1   Die mündlichen Diskussionsbeiträge wurden für diese Publikation auf der Grundlage der Wortprotokolle vom Herausgeber bearbeitet.

Dabei ist inzwischen ganz unstrittig, daß der Untergang der Weimarer Republik nicht nur einen einzigen oder auch nur einen vorrangigen Grund hatte. Viele Ursachen kamen zusammen und bedingten in ihrer Verkettung das historische Geschehen. *Karl Dietrich Bracher* benennt strukturelle Faktoren wie etwa institutionelle Verfassungsrechte, soziologische Elemente und in der Endphase der Weimarer Republik in besonderem Maße entscheidende Personen, deren Zahl im Verlauf der Präsidialkabinette immer geringer wurde.

Helmut Schmidt betont insbesondere die Massenarbeitslosigkeit, die ganz wesentlich den »Vertrauensrutsch zu Lasten der demokratischen Parteien« bewirkte, und die Belastungen des Versailler Vertrages.

Hermann Rappe hebt die politischen Aspekte des rechten und des linken Radikalismus hervor und skizziert Kontinuitäten der Kommunistischen Partei: »Schon auf dem Londoner Exilparteitag von 1903 stellte Lenin fest, daß eine Revolution in Rußland auf Dauer niemals zum Erfolg kommen könne, wenn das fortgeschrittene Industrieproletariat in Deutschland nicht ebenfalls durch eine Revolution die Entwicklung in Rußland ergänze, unterstütze und zum Sieg führe. Würden diese Revolution und dieser Teilbereich in der Welt fehlen, käme es zu keinem Sieg der russischen Revolution. Alle Nachfolger Lenins sind dieser These treu geblieben, und die deutschen Kommunisten waren zu jeder Zeit kremlhöriger als die russischen Kommunisten selbst. Also ging es schon 1918 um die Frage, ob man in Deutschland eine Sowjetrepublik gründen könne und welche Rolle die Kommunistische Partei dabei spielen solle. Während der gesamten Weimarer Republik ging es den Kommunisten nur darum, nach Leninscher Regel die Voraussetzungen für eine sozialistische oder kommunistische Revolution in Deutschland zu schaffen, und deshalb strebten sie die Zerstörung der Republik an. Nach dem Tode Eberts stellten sie mit Ernst Thälmann einen eigenen Kandidaten für die Reichspräsidentenwahl auf. Daß er keine Chance hatte, war völlig klar, doch das Kalkül war ein anderes, und es ging auf: Der Kandidatur Thälmanns lag die Absicht zugrunde, daß Hindenburg gewählt wurde, der die Zerstörung der Republik beförder würde. Beim Berliner Verkehrsstreik im Jahre 1932 traten Ulbricht und Hitler zusammen auf – der Fall von Groß-Berlin sollte den Fall Preußens und seiner sozialdemokratisch geführten Regierung nach sich ziehen und den Untergang der Weimarer Republik vorantreiben. Dieses Zusammenspiel des Radikalismus der Rechten und der Linken, aus unterschiedlichen Motiven, aber mit gleichgerichtetem Ziel, ist in seiner Bedeutung gar nicht zu überschätzen.«

Welche Rolle spielte schließlich das Wahlrecht? Lag im Wahlrecht, so *Bernhard Vogel* unter Berufung auf Johannes Schauffs Publikationen schon aus den zwanziger Jahren[2], das keine 5-Prozent-Klausel kannte und somit eine politische Aufsplitterung des Reichstags in kleine und kleinste Parteien förderte, ein wesentlicher Grund für das Nichtzustandekommen tragfähiger und handlungsfähiger Regierungen? Wäre dies nicht im Falle eines Mehrheitswahlrechts nach englischem Vorbild anders gewesen? *Karl Dietrich Bracher* hält dem entgegen, daß die SPD, nicht zuletzt aus eigener Erfahrung im Kaiserreich, nur für ein Verhältniswahlsystem zu gewinnen war. Einmal in der Verfassung verankert, ist ein Wahlrecht in Deutschland, wie sich nicht zuletzt in der Bundesrepublik zeigte, kaum mehr zu ändern. Die Auswirkungen eines anderen Wahlrechts auf den historischen Verlauf lassen sich unterdessen kaum bestimmen. »Es gibt Schulen, die der Meinung sind, die Weimarer Republik hätte gerettet werden können. Mindestens ebenso plausibel ist jedoch das Gegenargument: daß die NSDAP nach englischem Wahlsystem womöglich bereits im Sommer 1932 eine absolute

---

2 Vgl. Johannes Schauff (Hg.), *Neues Wahlrecht. Beiträge zur Wahlreform,* Berlin 1929.

Mehrheit gewonnen hätte. Über das Wahlsystem«, so *Bracher*, »lassen sich kaum brauchbare Erklärungen für das Funktionieren oder Scheitern der Weimarer Republik liefern.«

II.
Verfassungsrecht und politische Kultur

Die Frage nach dem Wahlrecht führt zu einer zentralen Frage: Wird das historische und politische Geschehen entscheidend durch die Verfassung selbst mit ihrem Text und ihren Normen bestimmt oder eher durch die politische Kultur, durch die Gesamtheit der bestimmenden Meinungen, Einstellungen und Werte in der Gesellschaft?[3] Die Antwort »beides« wäre ebenso richtig wie inhaltsleer, denn aus der unterschiedlichen Gewichtung der beiden Elemente Verfassungsnorm und politische Kultur ergeben sich merklich unterschiedliche Auffassungen von der Geschichte der Weimarer Republik.

»Schönheitsfehler«, so *Horst Möller,* gebe es in jeder Verfassung. »Aber es kommt darauf an, unter welchen politischen und historischen Konstellationen eine Verfassung wirkt. Die Konstellationen nach 1918 waren denkbar negativ. Hinzu kam, daß der Weimarer Republik ein großer Teil der starken politischen Persönlichkeiten durch natürlichen Tod (Ebert, Stresemann) oder Ermordung (Erzberger, Rathenau) verlorenging. Die starken Träger des Institutionengefüges im Geiste der Verfassung – und das ist ein Teil der politischen Kultur – waren am Ende der Republik nicht mehr da. Die Krise der Demokratie erfaßte nach dem Ersten Weltkrieg alle europäischen Staaten. Die entscheidende Frage ist, wie man eine sehr große Krisenlösungskapazität erreicht, wie sie etwa in Großbritannien vorhanden war.«

---

3 Vgl. dazu auch Kap. II in der Einführung zu diesem Band.

Fritz Stern hebt hervor, »wie wichtig es ist, daß die Grund- oder Menschenrechte im Bewußtsein der Menschen verankert sind. Im Vergleich mit anderen Ländern läßt sich nicht übersehen, daß in den Vereinigten Staaten und auch in anderen westlichen Ländern im 19. und zu Beginn des 20. Jahrhunderts das Bewußtsein durch Erziehung stark entwickelt worden ist. Die politische Erziehung in den Schulen war in der Weimarer Republik demgegenüber, kraß gesagt, trostlos. Und wie wenig die Grundrechte im Bewußtsein der Deutschen verankert waren, zeigt sich in aller Deutlichkeit daran, daß kaum eine Reaktion erfolgte, als ihnen Ende Februar 1933 die Grundrechte genommen wurden.«

Ernst Benda fragt grundsätzlich, »wie weit Verfassungen zum Bestehen oder zum Untergang eines Staates, speziell einer Demokratie, beitragen können und welche Verantwortung Verfassungen tragen, wenn es zum Scheitern kommt.

Der Begriff der streitbaren Demokratie besagt, daß die Demokratie sich ihren Feinden gegenüber nicht neutral verhalten soll, auch wenn diese mit den Instrumenten der Demokratie vorgehen. Er spielte in den Beratungen des Parlamentarischen Rates und in den ersten Jahren der Bundesrepublik Deutschland eine bedeutende Rolle. Dennoch hat sich dieses Instrument als ein bestenfalls stumpfes Schwert erwiesen, das allein in seiner Funktion als Damoklesschwert so lange wirksam war, wie man noch nicht wußte, daß es stumpf ist. Artikel 18 GG, die Verwirkung der Grundrechte[4], ist ein gar nicht praktikabler Artikel und

---

4 Art. 18 GG (ohne Verweise auf die einzelnen GG-Artikel): »Wer die Freiheit der Meinungsäußerung, insbesondere die Pressefreiheit, die Lehrfreiheit, die Versammlungsfreiheit, die Vereinigungsfreiheit, das Post- und Fernmeldegeheimnis, das Eigentum oder das Asylrecht zum Kampfe gegen die freiheitliche demokratische Grundordnung mißbraucht, verwirkt diese Grundrechte. Die Verwirkung und ihr Ausmaß werden durch das Bundesverfassungsgericht ausgesprochen.«

im Ergebnis so gut wie niemals angewendet worden. Gerhard Frey publiziert bekanntlich immer noch, und Parteienverbote hat es seit den Erörterungen um ein Verfahren gegen die NPD praktisch nicht mehr gegeben. Die vom Grundgesetz zur Verfügung gestellten Instrumente stehen also praktisch nicht zur Verfügung.

Viel größere Bedeutung hat die politische Kultur. Diesen Begriff hat Rudolf Smend verfassungsrechtlich dahingehend gefaßt und präzisiert, daß der Staat und insbesondere die Demokratie nur existieren können, wenn ein Integrationsprozeß stattfindet. Diese Integration ist dann gewährleistet, wenn – einfach ausgedrückt – der einzelne Bürger (er mag zur jeweiligen Regierung oder Parlamentsmehrheit ein positives oder ein kritisches Verhältnis haben) sagt: ›Ich als Bürger habe Einfluß darauf, wie die Regierung und das Parlament zustande kommen; ich als Bürger kann allein und zusammen mit anderen darauf hinwirken, daß ein Parlament und eine Regierung nach meinen Wunschvorstellungen gebildet wird; auch wenn Regierung und Parlament Entscheidungen treffen, die ich für falsch halte, besteht die Chance, aufgrund veränderter Überzeugungen durch Argumente oder aufgrund veränderter Mehrheiten zu besseren Ergebnissen zu kommen; ich fühle mich in diesem Staat zu Hause, auch wenn ich natürlich nicht mit jeder Entscheidung einverstanden bin‹ (sich mit jeder Entscheidung einverstanden zu erklären ist das Kennzeichen des totalitären Staates). Kritik ist notwendig. Dazu trägt nichts mehr bei als das Bewußtsein des einzelnen Bürgers, nicht schutzlos ausgeliefert zu sein, wenn ihm seiner Meinung nach Unrecht geschieht, sondern erforderlichenfalls sein Recht, insbesondere die in der Verfassung verankerten Grundrechte, durchsetzen zu können.

Daß die Grundrechte in der Verfassung stehen, bedeutet für sich allein wenig. Die erste Verfassung der DDR entsprach ziemlich genau der Weimarer Verfassung, sie war über weite Strecken

mehr oder weniger abgeschrieben, einschließlich des Grund-
rechtskatalogs, doch bedarf es keiner näheren Erläuterung, wie
es um den Schutz der Grundrechte in der DDR bestellt war. Als
Faustregel läßt sich vielmehr sagen: je totalitärer ein System des
20. Jahrhunderts ist, desto länger fällt der Grundrechtsteil der
Verfassung aus. Entscheidend ist nicht die schriftliche Fixie-
rung, sondern die Durchsetzbarkeit.

In diesem Zusammenhang stellt sich auch die Frage nach dem
Verhältnis von Rechtsprechung und Politik. Wenn ein Gericht
eine Parlamentsentscheidung einer demokratisch legitimierten
Mehrheit aufhebt, dann wird keineswegs, wie oft behauptet, das
Verhältnis der Bürger zu ihrem Parlament oder zur Demokratie
gefährdet. Im Gegenteil: Wenn die Bürger das Bewußtsein
haben, daß ein Fehler des Parlaments – und gelegentlich kommen Fehler auch ohne böse Absicht vor – revidiert werden kann,
dann stiftet dies Vertrauen, ähnlich der Möglichkeit, sich gegen
eine als ungerecht empfundene Behandlung einer Behörde an
eine kontrollierende Instanz wenden zu können.

Freilich hat dies auch seine Kehrseite. Das Bundesverfassungsgericht, dem die Aufgabe im wesentlichen obliegt, hat von
Beginn seiner Tätigkeit im Jahre 1951 an bis Ende 1998 insgesamt 120 000 Verfassungsbeschwerden bearbeitet, und natürlich
knüpft nicht jede dieser Beschwerden an die Ideale der Französischen Revolution an. Manches ist schlicht querulatorisch. Die
Durchsetzbarkeit der Grundrechte fördert also einerseits die
integrierende Bindung der Menschen und Bürger an ihren Staat
und andererseits eine gewisse Rechthaberei.

Bei alledem muß das Verfassungsgericht grundsätzlich seine
Kompetenzen voll ausschöpfen, freilich keinen Schritt über
seine Grenze hinausgehen. Eine Grenze für das Gericht liegt in
der Integration, der Konsenserhaltung; denn die Grundrechte
sind nichts anderes als der Konsens über fundamentale Grund-
entscheidungen. Das Gericht kann diesen Konsens nur dann

erhalten und stärken, wenn es selbst sich innerhalb dieses Konsenses bewegt. Wenn es sich aus diesem Konsens herausbegibt, dann bringt es das System in die Gefahr der Destabilisierung, und davor muß es sich jedenfalls hüten.«

Auch *Horst Möller* hält die Ausschöpfung der Kompetenzen für geboten. »Sie trägt zum Funktionieren einer Verfassung bei. Jede andere Alternative führt zu ungeplanten Veränderungen, die dann nicht mehr kontrollierbar sind.«

III.
Grundrechte und Grundpflichten

Der zweite Teil der Weimarer Reichsverfassung ist mit »Grundrechte und Grundpflichten der Deutschen« überschrieben. Die bundesdeutsche Gesellschaft habe sich jedoch inzwischen, wie *Helmut Schmidt* moniert, in das Extrem des ersten Bestandteils begeben:»Von Artikel 1 bis 19 ist im Grundgesetz nur von Rechten die Rede; eine einzige Ausnahme wurde in den fünfziger Jahren eingefügt: die Wehr- und Ersatzdienstpflicht. Studienräte und Volksschullehrer unterrichten junge Menschen nach dem Text des Grundgesetzes und vermitteln Rechte und Ansprüche, viel zu wenig aber Pflichten und Verantwortlichkeiten.

Wenn vor dem Hintergrund der Instrumentalisierung all dieser Rechte für alle erdenklichen verschiedenen Interessen auf dem Weg der Verfassungsbeschwerde *judicial restraint,* richterliche Zurückhaltung, angemahnt wird, dann hängt dies nicht zuletzt damit zusammen, daß auch die Grundrechtsprechung des Karlsruher Verfassungsgerichts in ein Extrem gegangen ist. Dazu zwei Beispiele. Erstens: Wenn das Karlsruher Gericht aufgrund des Verfassungstextes zu dem Ergebnis kam, daß die Vermögensteuer auf Grund und Boden ungleich und ungerecht geregelt war und der Änderung bedurfte, dann war dies in Ordnung. Wenn das Gericht aber gleichzeitig dem Gesetzgeber eine so kurze Frist setzt, daß im Ergebnis zwangsläufig die Vermögensteuer aufgehoben wurde, dann überschritt das Gericht seine Kompetenzen. Zweitens: Nachdem das Gericht viele Jahre über einer Verfassungsbeschwerde wegen der Kinderfreibeträge in der Einkommen- und Lohnsteuer und der Kindergeldregelung gesessen hatte, kam es zu einem Ergebnis, das ich nicht kritisieren will, und schrieb dem Gesetzgeber zugleich vor, dies binnen eines Jahres zu korrigieren, was angesichts des heutigen Einkommensteuerrechts kaum solide machbar ist. Dies ist eine klare Kompetenzüberschreitung des Gerichts.

Die zu weit gehende Ausweitung der Kompetenzen des Verfassungsgerichts usurpiert Kompetenzen, die das Grundgesetz dem Gesetzgeber – Bundestag und Bundesrat – zugewiesen hat. Nach Hitler gehen wir auf diesem Weg in das entgegengesetzte Extrem und übertreiben die Konsequenzen, die wir aus den Lehren Weimars und aus den Mißbräuchen und Verbrechen der Nationalsozialisten zu ziehen haben. Die gegenwärtige Ausweitung der Kompetenz von Karlsruhe wird nur noch durch die inflationsförmige Ausweitung der Verfassungsgesetzgebung durch Bundestag und Bundesrat übertroffen. Die Bundesrepublik hat ihre Verfassung in fünfzig Jahren genauso oft und dabei wesentlich umfangreicher geändert als die USA in 230 Jahren.«

Richard Schröder problematisiert den Zusammenhang zwischen Rechten und Pflichten in einer anderen Hinsicht: »Dieser Zusammenhang leuchtet sofort ein, aber aus meiner Erfahrung sollte er nicht so aussehen, daß es eine Instanz gibt, die feststellt, ob die staatsbürgerlichen Pflichten erfüllt sind, und die danach die Rechte mißt« – wenn etwa Eltern in der DDR ein Kind zur Oberschule anmeldeten und der Schulleiter fragte, ob sie besondere Verdienste beim Aufbau des Sozialismus vorzuweisen hätten. »Man kann natürlich sagen, das ist eine absurde Definition von Pflichten. Aber wenn Rechte durch Pflichterfüllung konditioniert werden, dann dienen sie nicht mehr dem Schutz des Bürgers. Das Problem der Pflichten gehört daher nicht auf eine verfassungsrechtliche, sondern auf eine moralische Ebene. In der Leninschen Verfassung stand, wer nicht arbeite, solle auch nicht essen. Das war zwar ein schönes Zitat aus der Bibel, aber die Praxis dazu sah so aus, daß der Kapitalist keine Lebensmittelkarte brauche.«

Daher mahnt *Michael Stolleis* Zurückhaltung auf der Ebene des Grundgesetzes an, obwohl es durchaus kodifizierte Grundpflichten wie die Wehrpflicht, die Steuerpflicht oder die Bindung des Hochschullehrers an die Verfassung gibt: »Strengstens abgekoppelt vom negativen Grundrechtsstatus, sind Pflichten als Teil der politischen Kultur elementar.«

Lehren aus der Weimarer Verfassung sind ungleich mehr im institutionellen als im Grundrechtsteil des Grundgesetzes gezogen worden. Der institutionelle Teil des Grundgesetzes unterscheidet sich erheblich von dem der Weimarer Reichsverfassung, etwa hinsichtlich des Kanzlers, des Präsidenten und ihrer Relation, des konstruktiven Mißtrauensvotums, des militärischen Oberbefehls, der Notstandsregelung im Vergleich zu Art. 48 WRV, des Wahlrechts oder des Föderalismus. Im Grundrechtsteil hingegen wurde im wesentlichen Kontinuität gewahrt. »Und es muß ja auch erlaubt sein«, betont *Stolleis,* »über eine Frage der Weimarer Verfassung zu sprechen, die eine positive Identifikation erlaubt, und nicht immer nur vom Scheitern her zu denken. Man muß die Weimarer Zeit als Historiker nicht immer vom Ende her lesen – das ist eine mögliche und eine wichtige politische Perspektive, aber es ist für die Geschichtsschreibung eine eher irreführende. Denn der Flammenschein des Holocaust stand eben nicht vor den Augen der Akteure.«

IV.
Deutsche Geschichtsbilder

Der langen und intensiven westdeutschen Weimar-Forschung stand die Position der DDR-Geschichtswissenschaft gegenüber, an die *Richard Schröder* vor allem aufgrund ihrer nach wie vor vielfältig spürbaren Präsenz erinnert. Die Weimarer Republik war dieser historischen Lesart zufolge die verhinderte Sowjetrepublik. »Die Verhinderung Sowjetdeutschlands wird den rechten Sozialdemokraten angelastet und kristallisiert sich am Mord an Rosa Luxemburg und Karl Liebknecht, deren Gräber nach wie vor Wallfahrtsstätten für Zehntausende sind. Der Nationalsozialismus – Faschismus genannt – gilt dabei bloß als gesteigerte Kontinuität, als Abart der Sozialdemokratie oder als Ideologie der aggressivsten Kreise des Monopolkapitals. Der Begriff ›Antifaschismus‹, der für viele Bürger nach wie vor einen hohen Stellenwert besitzt, bezieht seinen Inhalt aus der so verstandenen Antifaschismus-These. Wir reden hier, als sei dies nicht nach wie vor eine These in unserem Land, der gegenüber öffentlich argumentiert werden muß.«

Eine Sowjetisierung Deutschlands verhindert zu haben zählt *Horst Möller* unterdessen gerade zu den großen Verdiensten von Ebert und der Mehrheit der sozialdemokratischen Führung, und er stellt eine Gegenfrage: »Was wäre denn für die Geschichte des 20. Jahrhunderts und für die deutsche Geschichte im besonderen gewonnen gewesen, wenn in Deutschland 1918/19 eine bolschewistische Diktatur errichtet worden wäre?«

Karl Dietrich Bracher weist darauf hin, daß die monokausale kommunistische oder marxistische Erklärung der Weimarer Republik das Funktionieren und die Entwicklung der ersten deutschen Republik nicht zu erklären vermag und daß auch die Vertreter der früheren DDR-Geschichtswissenschaft davon inzwischen abgerückt sind. »Das Entscheidende ist, daß man nicht von einer ›bourgeoisen‹ oder ›autoritären Republik‹ und dann von einer ›faschistischen Diktatur‹ spricht, sondern daß man klar unterscheidet. Und das sollte auch im Geschichtsunterricht der neuen Bundesländer berücksichtigt werden. Die Weimarer Republik war eine in hohem Maße freiheitliche Demokratie, während der Nationalsozialismus eine totalitäre Diktatur errichtet hat, die das genaue Gegenteil davon ist und eben nicht die Fortsetzung eines präfaschistischen Systems in einem faschistischen. Den Unterschied muß man ganz klar sehen. Dann wird es auch möglich sein, das gespaltene Geschichtsbewußtsein der Deutschen über die Weimarer Republik zu überwinden und allmählich ein wenn auch nicht einheitliches, so doch weit weniger widersprüchliches Bild der Weimarer Republik in Ost- und Westdeutschland zu gewinnen.«

Zur Geschichte der Weimar-Forschung.
Kommentierte Bibliographie
von
Andreas Rödder

Die Erforschung der Weimarer Republik begann in den fünfziger Jahren zusammen mit der Erforschung der nationalsozialistischen Diktatur.[1] Von Anfang an war daher die wissenschaftliche Aufarbeitung der ersten deutschen Republik aufs engste mit dem Aufstieg und der Machtübernahme der Nationalsozialisten verbunden. Das Scheitern der Weimarer Republik war und ist das zentrale Thema der Weimar-Forschung. Über diesen forschungsgeschichtlichen Zusammenhang hinaus resultiert dieser Umstand aus dem unabweisbaren Wissen jedes historischen Betrachters um die Folgen von Weimar: Diktatur und Terror, Weltkrieg, Massen- und Rassenmord und das Ende des Deutschen Reiches. Dieses Wissen und seine unvergleichlich schwerwiegenden moralischen Implikationen macht die vorurteilsfreie Interpretation der Geschichte von Weimar – die Aufgabe der Geschichtswissenschaft – methodisch besonders schwierig.

---

1 Der beste Forschungsbericht stammt von Eberhard Kolb, *Die Weimarer Republik* (= Oldenbourg Grundriß der Geschichte, Bd. 16), 4. Aufl. München 1998, S. 147–231 (»Grundprobleme und Tendenzen der Forschung«).

Karl Dietrich Erdmann stellte 1955 fest: »Alle Forschung zur Geschichte der Weimarer Republik steht mit Notwendigkeit – ausgesprochen oder unausgesprochen – unter der Frage nach den Ursachen ihres Zusammenbruchs.«[2] Im selben Jahr setzte Karl Dietrich Bracher mit seinem Opus magnum »Die Auflösung der Weimarer Republik« die bis heute gültigen Maßstäbe.[3] Er weist nach, daß die Republik an einer Vielzahl von Ursachen scheiterte; das Wahlrecht, die Wirtschaftskrise, der deutsche Volkscharakter oder die Reichswehr allein hätten dies nicht bewirkt. Insofern aber die einzelnen Elemente in diesem Spektrum sehr unterschiedlich eingeordnet und beurteilt werden, ist damit bis heute ein breites Panorama von Erklärungen und Deutungen für den Untergang der Weimarer Republik eröffnet worden.

Brachers strukturanalytische Untersuchung stellte besonders das Machtvakuum heraus, das im dualistischen, halb parlamentarischen und halb präsidialen Verfassungsstaat von Weimar entstand, weil die Parteien der Verantwortung zur politischen Mehrheitsbildung und Entscheidung enthoben waren. Am Ende der Weimarer Republik verband sich dieses Machtvakuum mit wachsender Resignation der Parteien, weiteren Versäumnissen und Fehlentscheidungen einzelner Personen (Paul von Hindenburg und Franz von Papen, nicht zuletzt aber auch Heinrich Brüning) insbesondere im Zeichen der Präsidialkabinette und öffnete der Diktaturbewegung die Wege.

Horst Möller hat das Gegenbild eines funktionierenden Parlamentarismus in Preußen, dem dominierenden Staat innerhalb des Reiches, gezeichnet, und daraus seinerseits auf die ent-

---

2 Karl Dietrich Erdmann, Die Geschichte der Weimarer Republik als Problem der Wissenschaft, in: *Vierteljahrshefte für Zeitgeschichte* 3 (1955), S. 5.

3 Karl Dietrich Bracher, *Die Auflösung der Weimarer Republik. Eine Studie zum Problem des Machtverfalls in der Demokratie,* Villingen 1955 (und mehrere Neuauflagen).

scheidenden Konstruktionsmängel der Reichsverfassung rückgeschlossen.[4]

Als Selbstaufgabe der demokratischen Parteien und »Selbstpreisgabe einer Demokratie« hat demgegenüber Karl Dietrich Erdmann den Untergang der Republik charakterisiert und 1979 im Rahmen einer bilanzierenden Tagung zugespitzt: »Es handelt sich nicht um einen Fall von Totschlag, sondern von Selbstmord.«[5] Eberhard Kolb hielt dem entgegen, daß es bei allen unübersehbaren Schwächen der demokratischen Parteien die »nationalistischen und autoritären Gegner der Weimarer Demokratie« waren, »die – skupellos in der Wahl der Mittel – den Staat von Weimar in einer großangelegten Offensive zertrümmerten.«[6] Prononicerter noch macht Hans Mommsen namentlich die vormodernen Eliten im Verbund mit einem strukturellen Modernisierungsdefizit in der deutschen Gesellschaft und Politik für das Scheitern der Republik verantwortlich.[7]

92 Belastungsfaktoren der Weimarer Republik aus den Bereichen Außenpolitik, formale Verfassungsordnung, Parteiensystem und Parlamentarismus, Militär, Bürokratie und Justiz,

---

4 Horst Möller, *Parlamentarismus in Preußen 1919–1932,* Düsseldorf 1985, und Ders., Parlamentarismus-Diskussion in der Weimarer Republik. Die Frage des ›besonderen‹ Weges zum parlamentarischen Regierungssystem, in: Manfred Funke/Hans-Adolf Jacobsen/Hans-Helmuth Knütter/Hans-Peter Schwarz (Hgg.), *Demokratie und Diktatur. Geist und Gestalt politischer Herrschaft in Deutschland und Europa.* Festschrift für Karl Dietrich Bracher, Düsseldorf 1987, S. 140–157.

5 Karl Dietrich Erdmann/Hagen Schulze (Hgg.), *Weimar. Selbstpreisgabe einer Demokratie. Eine Bilanz heute,* Düsseldorf 1980, S. 346. Vgl. auch Ders., Die Weimarer Republik, in: *Gebhardt Handbuch der deutschen Geschichte,* 9. Aufl. hg. von Herbert Grundmann, Bd. 4B, Stuttgart 1973, §§ 26–50.

6 Eberhard Kolb, *Weimarer Republik* (wie Anm. 1), S. 146.

7 Hans Mommsen, *Die verspielte Freiheit. Der Weg der Republik von Weimar in den Untergang 1918–1933* (Propyläen Geschichte Deutschlands, Bd. 8), Frankfurt a. M./Berlin 1989.

Gesellschaft, Wirtschaft, politisches Denken und institutionalisierte Kultur hat Hagen Schulze auf dem bereits genannten Kolloquium im Jahre 1979 zusammengestellt.[8] Eberhard Jäckel hat Faktoren auf drei Ebenen benannt, die in spezifischer Verbindung das Scheitern von Weimar herbeiführten: langfristige Strukturen – vor allem dem Ringen von »Monarchisten« und »Demokraten« um die Staatsgewalt, das in den zwanziger Jahren in eine gleichgewichtige Übergangsphase eingetreten sei; man kann auch formulieren: der fehlende gesellschaftliche Konsens über die Verfassung –, akzidentielle Ereignisse insbesondere in Form der Weltwirtschaftskrise und personales Handeln vor allem der Umgebung Hindenburgs.[9]

Wie in einem Brennglas bündelt sich die Diskussion über die Weimarer Republik und ihr Scheitern in den Auseinandersetzungen um Heinrich Brüning und seine Reichskanzlerschaft. Während Werner Conze Brüning in der Krise des Parteienstaates als letzte Chance der Demokratie ansah[10], hielt Karl Dietrich Bracher kritisch entgegen, daß Brüning und seine von Parlament und Parteien gelösten Präsidialkabinette maßgeblich zur Auflösung der parlamentarischen Ordnung und damit der Weimarer Republik zugunsten einer autoritären Staatsform beigetragen haben.

Ausgerechnet Brüning selbst bestätigte diese dezidiert kritische Sicht mit seinen posthum erschienenen Memoiren, in denen er die Wiedereinführung der Hohenzollernmonarchie als

---

8 Hagen Schulze, Das Scheitern der Weimarer Republik als Problem der Forschung, in: Erdmann/Schulze (Hgg.), *Selbstpreisgabe* (wie Anm. 5), S. 23–41, bes. 37–41.

9 Zuletzt Eberhard Jäckel, *Das deutsche Jahrhundert. Eine historische Bilanz,* Stuttgart 1996, S. 105–134.

10 Werner Conze, Die Krise des Parteienstaates in Deutschland 1929/30, in: *Historische Zeitschrift* 178 (1954), S. 47–83.

politisches Hauptziel seiner Kanzlerschaft offenbarte.[11] Während Rudolf Morsey schon früh nachhaltige Zweifel an der Authentizität der Textgestalt äußerte, haben die Memoiren auch einer Untersuchung ihrer inneren Zuverlässigkeit nicht standgehalten; Brüning hat nicht nur innere Wahrnehmungen vorgegeben, sondern auch äußere Tatbestände erfunden. Die These von der Restauration der Monarchie diente in den dreißiger Jahren, als er die Memoiren niederschrieb, der Selbstrechtfertigung als Alternative zu Hitler, die sich allerdings nach 1945 in ihr Gegenteil umkehrte.[12] Neuere Forschungen heben daher statt eines antiparlamentarischen verfassungspolitischen Programms eher das sachorientierte Krisenmanagement hervor, das durchaus nicht im Scheitern der Republik enden mußte.[13]

Dies gilt auch für Brünings Finanz- und Wirtschaftspolitik. Daß Brüning von Anfang an und in erster Linie die Abschaffung der Reparationen angestrebt und dem die Bekämpfung der Wirtschaftskrise und ihrer sozialen Folgen untergeordnet habe[14], wird inzwischen kaum mehr behauptet; auch die Reparationspolitik war Teil dieses Krisenmanagements.[15] Brüning setzte in erster Linie auf Haushaltsausgleich und Finanzsanierung.

---

11   Heinrich Brüning, *Memoiren 1918–1934,* Stuttgart 1970.

12   Vgl. dazu Andreas Rödder, Dichtung und Wahrheit. Der Quellenwert von Heinrich Brünings Memoiren und seine Kanzlerschaft, in: *Historische Zeitschrift* 265 (1997), S. 77–116.

13   Vgl. William L. Patch Jr., *Heinrich Brüning and the Dissolution of the Weimar Republic,* Cambridge 1998.

14   So zuerst Wolfgang J. Helbich, *Die Reparationen in der Ära Brüning. Zur Bedeutung des Young-Plans für die deutsche Politik 1930 bis 1932,* Berlin 1962.

15   Vgl. dazu jüngst Philipp Heyde, *Das Ende der Reparationen. Deutschland, Frankreich und der Youngplan 1929–1932,* Paderborn 1998; auch Andreas Rödder, *Stresemanns Erbe. Julius Curtius und die deutsche Außenpolitik 1929–1931,* Paderborn 1996, S. 227–263. Zu den Reparationen im internationalen Zusammenhang vgl. Bruce Kent, *The Spoils of War. The Politics, Economics, and Diplomacy of Reparations, 1918–1932,* Oxford 1932.

Dies war allgemeiner Konsens, und die Reichsregierung hätte auch, so Knut Borchardt, gar nicht die Mittel an der Hand gehabt, die Auswirkungen der Weltwirtschaftskrise nachhaltig einzudämmen, zumal ihre »Zwangslagen und Handlungsspielräume« nicht zuletzt von zu hohen Löhnen in einer »kranken Wirtschaft« bestimmt worden seien.[16]

Borchardt hatte mit diesen Thesen die große »Borchardt-Holtfrerich-Kontroverse« angestoßen, die sich über Brünings Finanz- und Wirtschaftspolitik hinaus auf die Weimarer Wirtschaft ausweitete. Carl-Ludwig Holtfrerich hielt Borchardt entgegen, die Regierung Brüning hätte eine Politik des antizyklischen *deficit spending* betreiben sollen, wie auch die Inflation unmittelbar nach Kriegsende als Schmiermittel das soziale und politische Getriebe am Laufen gehalten habe.[17] Die 1914 beginnende große Inflation, die Ende 1922 in das Stadium der Hyperinflation des Krisenjahres 1923 überging, stand im Mittelpunkt vielfältiger und besonders von Gerald D. Feldman geprägter wirtschaftshistorischer Forschungen.[18] Seit den siebziger Jah-

---

16 Knut Borchardt, Zwangslagen und Handlungsspielräume in der großen Weltwirtschaftskrise der frühen dreißiger Jahre: Zur Revision des überlieferten Geschichtsbildes, in: Ders., *Wachstum, Krisen, Handlungsspielräume der Wirtschaftspolitik. Studien zur Wirtschaftsgeschichte des 19. und 20. Jahrhunderts.* Göttingen 1982, S. 165–182.

17 Carl-Ludwig Holtfrerich, *Die deutsche Inflation 1914–1923,* Berlin 1980; Ders., Alternativen zu Brünings Wirtschaftspolitik in der Weltwirtschaftskrise? In: *Historische Zeitschrift* 235 (1982), S. 605–631; Ders., Zu hohe Löhne in der Weimarer Republik? In: *Geschichte und Gesellschaft* 10 (1984), S. 122–141.

18 Gerald D. Feldman/Carl-Ludwig Holtfrerich/Gerhard A. Ritter/Peter-Christian Witt (Hgg.), *Die deutsche Inflation,* Berlin/New York 1982; Gerald D. Feldman, *The Great Disorder. Politics, Economics, and Society in the German Inflation, 1914–1924,* Oxford 1993; Ders., *Hugo Stinnes, Biographie eines Industriellen 1870–1924,* München 1998.

ren haben Studien unter anderem zur Industrie[19] und zu den Gewerkschaften[20] und ihrem Verhältnis zueinander, insbesondere der Zentralarbeitsgemeinschaft von 1918[21], und nicht zuletzt Heinrich August Winklers monumentale dreibändige Untersuchung »Arbeiter und Arbeiterbewegung in der Weimarer Republik«[22] die Wirtschafts- und Sozialgeschichte zwischen Erstem Weltkrieg und »Drittem Reich« aufgearbeitet.

In engem Zusammenhang mit dem Scheitern der Weimarer Republik wurde in den fünfziger Jahren die Rolle der Reichswehr eingehend diskutiert: Kritische[23] und wohlwollendere[24] Beurteilungen verband Rainer Wohlfeil 1979 in seinem Beitrag zum Handbuch zur deutschen Militärgeschichte.[25] Während Martin Geyer Ende der siebziger Jahre die Pläne führender Reichswehroffiziere zur gesamtgesellschaftlichen Wehrhaft-

---

19 Hans Mommsen/Dietmar Petzina/Bernd Weisbrod (Hgg.), *Industrielles System und politische Entwicklung in der Weimarer Republik*, Düsseldorf 1974; Bernd Weisbrod, *Die Schwerindustrie in der Weimarer Republik*, Wuppertal 1978; Harald Wixforth, *Banken und Schwerindustrie in der Weimarer Republik*, Köln/Weimar 1995.

20 Klaus Schönhoven, *Die deutschen Gewerkschaften*, Frankfurt a. M. 1987; Ders., *Reformismus und Radikalismus. Gespaltene Arbeiterbewegung im Weimarer Sozialstaat*, München 1989; Heinrich Potthoff, *Freie Gewerkschaften 1918–1933. Der Allgemeine Deutsche Gewerkschaftsbund in der Weimarer Republik*, Düsseldorf 1987.

21 Gerald D. Feldman/Irmgard Steinisch, *Industrie und Gewerkschaften 1918–1924. Die überforderte Zentralarbeitsgemeinschaft*, Stuttgart 1985.

22 Heinrich August Winkler, *Arbeiter und Arbeiterbewegung in der Weimarer Republik: Von der Revolution zur Stabilisierung [1918–1924]*, Berlin/Bonn 1984, *Der Schein der Normalität [1924–1930]*, Berlin/Bonn 1985, *Der Weg in die Katastrophe [1930–1933]*, Berlin/Bonn 1987.

23 Francis L. Carsten, *Reichswehr und Politik 1918–1933*, Köln 1964.

24 Hans Meier-Welcker, *Seeckt*, Frankfurt a. M. 1967.

25 Rainer Wohlfeil, *Heer und Republik*, in: *Handbuch zur deutschen Militärgeschichte 1648–1939*, hg. vom Militärgeschichtlichen Forschungsamt, Bd. 3, München 1979, S. 1–303.

machung seit den späteren zwanziger Jahren in den Mittelpunkt stellte[26], betonte Johannes Hürter in den neunziger Jahren, als das Interesse an militärgeschichtlichen Fragen in der Weimarer Republik deutlich zurückgegangen war, die ebenso unpolitische wie gemäßigte Haltung und Politik des Reichswehrministers Wilhelm Groener.[27]

In den sechziger und siebziger Jahren – bereits vor den Unruhen von 1968 thematisiert und bearbeitet, aber durch sie politisch und ideologisch aufgeladen – rückten die Revolution und die Rätebewegung von 1918/19 in den Mittelpunkt des Interesses. Eberhard Kolb[28], Reinhard Rürup[29] und Heinrich August Winkler[30] kamen dabei zu dem Schluß, daß Ende 1918 keineswegs nur die Alternative Bolschewismus–parlamentarische Demokratie bestanden habe, sondern das Potential der linksextremistischen Kräfte geringer als gemeinhin angenommen zu veranschlagen sei, während die Räte bis Anfang 1919 auf Regierungskurs lagen. Somit hätten sich der Reichsregierung in größerem als dem tatsächlich genutzten Maße Spielräume für weitergehende Strukturreformen in Verwaltung, Militär und Wirtschaft bei grundsätzlicher Bejahung der parlamentarischen Demokratie eröffnet. Allerdings ist zu berücksichtigen, daß, abgesehen von dem Zeitdruck, der abwägendes Räsonnement

---

26   Martin Geyer, *Aufrüstung oder Sicherheit. Die Reichswehr in der Krise der Machtpolitik 1924–1936,* Wiesbaden 1980.

27   Johannes Hürter, *Wilhelm Groener. Reichswehrminister am Ende der Weimarer Republik (1928–1932),* München 1993.

28   Eberhard Kolb, *Die Arbeiterräte in der deutschen Innenpolitik 1918 bis 1919,* Düsseldorf 1962.

29   Reinhard Rürup, *Probleme der Revolution in Deutschland 1918/19,* Wiesbaden 1968.

30   Heinrich August Winkler, *Die Sozialdemokratie und die Revolution 1918/19,* Bonn 1979; vgl. auch Ders., *Von der Revolution zur Stabilisierung* (wie Anm. 22).

verhinderte, die wahrgenommenen Spielräume historisch relevanter waren als die tatsächlich vorhandenen.

Die Verfassung von 1919 liegt neuerdings zusammen mit den Verfassungen von 1849 und 1871 sowie dem Grundgesetz von 1949 in einer faksimilierten Ausgabe vor.[31] Während die Verfassung wie oben beschrieben im Hinblick auf das Scheitern der Republik im Brennpunkt der Diskussionen stand, hat ihre vergleichsweise ruhige und unspektakuläre Entstehung in der Weimarer Nationalversammlung weit weniger Interesse auf sich gezogen; zwar sind durchgängig Einzeluntersuchungen zu verschiedenen Problemen vorgenommen, wissenschaftliche Kontroversen um den Vorgang der Verfassunggebung hingegen kaum geführt worden. Entstehung, Text und Geschichte der Verfassung beschreibt Ernst Rudolf Hubers epochale »Deutsche Verfassungsgeschichte« detailliert und systematisch und bei aller Einzelkritik bislang unübertroffen.[32] Kompakter und eher staatsrechtshistorisch, weniger politikgeschichtlich ist Christoph Gusys neue Darstellung der Weimarer Reichsverfassung angelegt[33], während Michael Stolleis die Konstitution und die Staatsrechtslehre von Weimar im Rahmen seiner umfassenden Geschichte des öffentlichen Rechts beleuchtet, das in der Wei-

---

31 *Die deutschen Verfassungen. Reproduktion der Verfassungsoriginale von 1849, 1871, 1919 sowie des Grundgesetzes von 1949.* Herausgegeben und eingeleitet von Jutta Limbach, Roman Herzog und Dieter Grimm, München 1999.
32 Ernst Rudolf Huber, *Deutsche Verfassungsgeschichte seit 1789.* Bd. 5: *Weltkrieg, Revolution und Reichserneuerung 1914–1919,* Stuttgart 1978; Bd. 6: *Die Weimarer Reichsverfassung,* Stuttgart 1981; Bd. 7: *Ausbau, Schutz und Untergang der Weimarer Republik,* Stuttgart 1984. Zur Weimarer Reichsverfassung knapper: Hans Boldt, *Deutsche Verfassungsgeschichte;* Bd. 2: *Von 1806 bis zur Gegenwart,* 2. Aufl. München 1993, S. 221–257.
33 Christoph Gusy, *Die Weimarer Reichsverfassung,* Tübingen 1997.

marer Republik »trotz materieller Probleme seine große Zeit erlebte«.[34]

Mit seiner Erklärung, daß die Parteien des Kaiserreichs und der Weimarer Republik nicht einfach an Klassen, sondern an (gegeneinander weitgehend abgeschottete) »sozialmoralische Milieus« (ein komplexer Zusammenhang von religiösen, regionalen, sozialen und wirtschaftlichen Faktoren) gebunden waren, die sich allerdings in den zwanziger Jahren aufzulösen begannen, hat Mario Rainer Lepsius in den sechziger Jahren die interpretatorischen Maßstäbe der Parteienforschung gesetzt.[35] Insbesondere die 1951 gegründete Kommission für Geschichte des Parlamentarismus und der politischen Parteien in Bonn hat, nicht zuletzt vor dem Hintergrund der in der deutschen Geschichte tiefverwurzelten Parteienskepsis, die Parteienforschung maßgeblich angestoßen, so daß zwar nur wenige Gesamtüberblicke[36], neben der großen Sammlung zum Untergang der Parteien 1933 und seiner Vorgeschichte seit etwa 1930[37] aber Untersuchungen der meisten einzelnen Parteien vorliegen: für die KPD[38], die

---

34 Michael Stolleis, *Geschichte des öffentlichen Rechts in Deutschland.* Dritter Band: *Staats- und Verwaltungsrechtswissenschaft in Republik und Diktatur 1914–1945,* München 1999, das Zitat S. 413; vgl. dazu auch Christoph Gusy, *Die Lehre vom Parteienstaat in der Weimarer Republik,* Baden-Baden 1993.

35 Zuletzt: Mario Rainer Lepsius, *Demokratie in Deutschland. Soziologisch-historische Konstellationsanalysen,* Göttingen 1993 (darin S. 25–50: Parteiensystem und Sozialstruktur. Zum Problem der Demokratisierung der deutschen Gesellschaft [zuerst 1966]).

36 Sigmund Neumann, *Die Parteien der Weimarer Republik,* 3. Aufl. Stuttgart 1986 [zuerst 1932 (!)].

37 Erich Matthias/Rudolf Morsey (Hgg.), *Das Ende der Parteien 1933,* Düsseldorf 1960.

38 Ossip K. Flechtheim, *Die KPD in der Weimarer Republik,* Frankfurt a. M. 1969; Hermann Weber, *Die Wandlungen des deutschen Kommunismus. Die Stalinisierung der KPD in der Weimarer Republik,* 2 Bde., Frankfurt a. M. 1969.

SPD[39], die liberalen Parteien[40], Zentrum und BVP[41], Deutsch-
nationale und Rechtsparteien[42], um die wichtigsten zu nennen,
sowie für verschiedene Verbände[43] und natürlich die Frühge-
schichte der NSDAP, deren Organisation und Aufstieg einerseits[44] und ihre Wähler in der Republik andererseits[45] im Mittelpunkt der Forschungen stehen.

Nachdem die ersten drei Jahrzehnte der Geschichtsschreibung
über die Weimarer Republik vor allem im Zeichen des Aufbaus
und der Ausweitung von Spezialforschungen gestanden hatten

---

39   Heinrich August Winkler, *Arbeiter und Arbeiterbewegung in der Weimarer
Republik* (wie Anm. 22); Wolfram Pyta, *Gegen Hitler und für die Republik. Die
Auseinandersetzung der deutschen Sozialdemokratie mit der NSDAP in der Wei-
marer Republik,* Düsseldorf 1989.

40   Lothar Albertin, *Liberalismus und Demokratie am Anfang der Weimarer
Republik,* Düsseldorf 1972; Larry Eugene Jones, *German Liberalism and the
Dissolution of the Weimar Party System, 1918–1933,* Chapel Hill/London 1988.

41   Rudolf Morsey, *Die deutsche Zentrumspartei 1917–1923,* Düsseldorf
1966; Karsten Ruppert, *Im Dienst am Staat von Weimar. Das Zentrum als regie-
rende Partei in der Weimarer Demokratie 1923–1930,* Düsseldorf 1992; Rudolf
Morsey, *Der Untergang des politischen Katholizismus. Die Zentrumspartei zwischen christlichem Selbstverständnis und »Nationaler Erhebung« 1932/33,*
Stuttgart/Zürich 1977; Klaus Schönhoven, *Die Bayerische Volkspartei
1924–1932,* Düsseldorf 1972.

42   Erasmus Jonas, *Die Volkskonservativen 1928–1933,* Düsseldorf 1965.

43   Volker Berghahn, *Der Stahlhelm. Bund der Frontsoldaten 1918–1935,*
Düsseldorf 1966; Dieter Gessner, *Agrarverbände in der Weimarer Republik,*
Düsseldorf 1976; Stephanie Merkenich, *Grüne Front gegen Weimar. Reichs-
Landbund und agrarischer Lobbyismus 1918–1933,* Düsseldorf 1998.

44   Wolfgang Horn, *Der Marsch zur Machtergreifung. Die NSDAP bis 1933,*
Königstein/Ts./Düsseldorf 1980 [zuerst 1972]; Peter Longerich, *Die braunen
Bataillone. Geschichte der SA,* München 1989; Henry A. Turner, *Die Großun-
ternehmer und der Aufstieg Hitlers,* Berlin 1985; Ders., *Hitlers Weg zur Macht.
Der Januar 1933,* München 1997; Wolfram Pyta, *Dorfgemeinschaft und Par-
teipolitik. Die Verschränkung von Milieu und Parteien in den protestantischen
Landgebieten Deutschlands in der Weimarer Republik,* Düsseldorf 1996.

45   Jürgen W. Falter, *Hitlers Wähler,* München 1991; R.F. Hamilton, *Who voted
for Hitler?* Princeton NJ 1982.

und Gesamtdarstellungen aus den Federn von Arthur Rosenberg[46], Erich Eyck[47] oder später Karl Dietrich Erdmann[48] eher Einzelfälle darstellten, wurden in den achtziger und neunziger Jahren Summen gezogen: Hagen Schulzes flüssig geschriebener Band in der Reihe »Siedler Deutsche Geschichte«[49], Eberhard Kolbs ebenso kompakter wie ausgewogener und die Forschung reflektierender Band in der Reihe »Oldenbourg Grundriß Geschichte«[50], Hans Mommsens engagierte »Verspielte Freiheit« in der »Propyläen Geschichte Deutschlands«[51], Gerhard Schulz' minutiöse und hochgelehrte Untersuchung von Verfassungspolitik und Reichsreform in der Weimarer Republik[52] und zuletzt – um nur die wichtigsten zu nennen – Heinrich August Winklers differenzierte »Geschichte der ersten deutschen Demokratie« unter dem knappen Obertitel »Weimar«.[53]

Alles in allem war diese in den achtziger und neunziger Jahren bilanzierte westdeutsche Weimar-Forschung bei allen Unterschieden im einzelnen fest im politischen Konsens und der Räson der Bundesrepublik Deutschland verankert, und sie

---

46 Arthur Rosenberg, *Geschichte der Weimarer Republik,* Frankfurt a. M. 1961 [zuerst 1935].

47 Erich Eyck, *Geschichte der Weimarer Republik,* 2 Bde. Erlenbach/Zürich 1956.

48 Karl Dietrich Erdmann, Weimarer Republik (wie Anm. 5).

49 Hagen Schulze, *Weimar. Deutschland 1917–1933,* Berlin 1982.

50 Eberhard Kolb, *Weimarer Republik* (wie Anm. 1).

51 Hans Mommsen, *Die verspielte Freiheit* (wie Anm. 7).

52 Gerhard Schulz, *Zwischen Demokratie und Diktatur. Verfassungspolitik und Reichsreform in der Weimarer Republik.* Bd. 1: *Die Periode der Konsolidierung und der Revision des Bismarckschen Reichsaufbaus 1919–1930,* 2. Aufl. Berlin 1987; Bd. 2: *Deutschland am Vorabend der großen Krise,* Berlin 1987; Bd. 3: *Von Brüning zu Hitler. Der Wandel des politischen Systems in Deutschland 1930–1933,* Berlin 1992.

53 Heinrich August Winkler, *Weimar 1918–1933. Die Geschichte der ersten deutschen Demokratie,* München 1993.

neigte nicht zuletzt aus dieser Perspektive über weite Strecken zu prononcierten und engagierten politischen Wertungen der ersten deutschen Republik. Ihr ostdeutsches Pendant, die DDR-Geschichtswissenschaft, ist nach 1989 schnell untergegangen, und von ihr ist, zumindest im Bereich der politischen Zeitgeschichte, nahezu nichts geblieben. Auch in der Historiographie ist der Systemgegensatz der bipolaren Welt und der deutschen Teilung überwunden, während die deutsche Wiedervereinigung und das vereinigte Deutschland neue Fragen an die Geschichte hervorbringen und schließlich die Weimarer Republik aus der Zeitgeschichte als der »Epoche der Mitlebenden« (Hans Rothfels)[54] herauszufallen im Begriff ist.

Bei aller gebotenen Vorsicht mag sich als Tendenz formulieren lassen, daß mit dem Wandel der Generationen eine Entpolitisierung und zugleich eine um mehr Vorurteilsfreiheit bemühte Historisierung der Weimar-Forschung eintritt. Man mag dies als Gewinn an distanzierter Beurteilung begrüßen oder als Verlust an Lebendigkeit und unmittelbarer Bedeutung der Vergangenheit bedauern – jedenfalls ist der Wandel der Geschichtsbilder im Wandel der Zeiten und Generationen eine der lohnendsten Herausforderungen der Kultur einer Gesellschaft.

---

54 Hans Rothfels, Zeitgeschichte als Aufgabe, in: *Vierteljahrshefte für Zeitgeschichte* 1 (1953), S. 2.

Die Autoren

Karl Dietrich Bracher, Dr. phil. Dr. h. c.mult., geb. 1922, Professor em. für Politische Wissenschaft und Zeitgeschichte an der Universität Bonn, Mitglied des Senates der Deutschen Nationalstiftung, Weimar

Carl-Ludwig Holtfrerich, Dr. rer. pol., geb. 1942, Professor für Volkswirtschaftslehre an der Freien Universität Berlin

Horst Möller, Dr. phil. Dr. h. c., geb. 1943, Professor für Neuere und Neueste Geschichte an der Universität München und Direktor des Instituts für Zeitgeschichte in München

Andreas Rödder, Dr. phil., geb. 1967, Wissenschaftlicher Assistent am Historischen Institut der Universität Stuttgart

Helmut Schmidt, geb. 1918, Bundeskanzler a. D., Vorstand der Deutschen Nationalstiftung, Weimar

Fritz Stern, Dr. phil. Dr. h. c. mult., geb. 1926, Professor em. für Geschichte an der Columbia University New York, Träger des Friedenspreises des Deutschen Buchhandels 1999, Mitglied des Senates der Deutschen Nationalstiftung, Weimar

Michael Stolleis, Dr. iur., Dr. h. c., geb. 1941, Professor für Öffentliches Recht und Neuere Rechtsgeschichte an der Universität Frankfurt a. M. und Direktor am Max-Planck-Institut für Europäische Rechtsgeschichte in Frankfurt a. M.

Personenregister
(Aufgeführt werden nur historische Personen.)

Deutsche Nationalstiftung:
Blickpunkt Deutschland
Ansichten unserer Nachbarn

128 Seiten, broschiert, ISBN 3-7885-0508-7

Die Deutsche Nationalstiftung lud zu ihrer zweiten Jahrestagung 1995 in Weimar Persönlichkeiten des benachbarten Auslands zu einer Diskussion mit deutschen Politikern über die gemeinsame europäische Zukunft ein. Sie analysierten die Rollenverteilung innerhalb Europas und die Verschiebung im Kräfteverhältnis zum amerikanischen Verbündeten. Die einzelnen Beiträge sind das eindrucksvolle Zeugnis für einen offenen, ebenso selbstkritischen wie scharfsinnigen Gedankenaustausch zwischen Deutschland und seinen Nachbarn.

Wozu deutsche auswärtige Kulturpolitik?

112 Seiten, broschiert, ISBN 3-7885-0512-5

Auf ihrer dritten Jahrestagung ging die Deutsche Nationalstiftung der Frage nach: *Was geschieht künftig mit der deutschen Kulturpolitik im Ausland?* Selbst die renommierten Goethe-Institute sind in massiven Finanznöten – Maßnahmen sind notwendig, aber die Verantwortlichen hüllen sich in Schweigen. Die Deutsche Nationalstiftung hat namhafte Persönlichkeiten aus Wissenschaft, Politik und Kunst zum Nachdenken eingeladen. Die Beiträge von Helmut Schmidt, Henning Voscherau und Wolf Lepenies sind zusammen mit einem Schlußwort von Ignatz Bubis in diesem Band versammelt.

Klett-Cotta

Deutsche Nationalstiftung:
Was hält unser Land zusammen?
155 Seiten, broschiert, ISBN 3-7885-0522-2

Kaum eine europäische Nation hat so starke Probleme mit ihrem
Selbstverständnis wie die Deutschen, vor allem seit dem 3. Oktober
1990. Die Deutsche Nationalstiftung regte deshalb anläßlich der
vierten Jahrestagung in Berlin die Diskussion darüber an, was uns
Deutsche zusammenhält. Die Ausführungen des Historikers Hagen
Schulze, die Analysen Richard Schröders und die Aussagen Klaus
von Dohnanyis stecken das Feld möglicher Antworten ab. Eine
Debatte über diese Grundsatzfrage ist von immenser Bedeutung.
Denn sie berührt Fragen des kulturellen Lebens und der
innerstaatlichen Zustände. Eine Nation zu sein, das muß man
wollen, und was dies im einzelnen heißt, darüber muß man sich
verständigen.

Europa braucht den Osten
192 Seiten, broschiert, ISBN 3-7885-0525-7

Im März 1998 hat die Europäische Union die Verhandlungen mit
fünf mittel- und osteuropäischen Ländern über den Beitritt zur EU
aufgenommen. Die Deutsche Nationalstiftung hat diese Tatsache
zum Anlaß genommen, auf ihrer fünften Jahrestagung in Frankfurt
am Main zu einer Vortrags- und Diskussionsveranstaltung
einzuladen.

Klett-Cotta